능력주의와 불평등

별도의 표시가 없는 한 교육공동체 벗이 생산한 저작물은 크리에이티브 커먼즈
[저작자표시-비영리-변경금지 4.0 국제 라이선스]에 따라 이용하실 수 있습니다.
http://creativecommons.org/licenses/by-nc-nd/4.0

능력주의와 불평등
능력에 따른 차별은 공정하다는 믿음에 대하여

ⓒ 박권일 외, 2020

2020년 11월 20일 처음 펴냄
2024년 10월 8일 초판 6쇄 찍음

글쓴이 | 홍세화, 채효정, 정용주, 이유림, 이경숙, 박권일, 문종완, 김혜진, 김혜경, 공현
기획·편집 | 공현, 이진주, 서경
출판자문위원 | 이상대, 박진환
디자인 | 이수정, 박대성
제작 | 세종 PNP

펴낸이 | 김기언
펴낸곳 | 교육공동체 벗
사무국 | 최승훈, 이진주, 설원민, 서경, 공현
출판등록 | 제2011-000022호(2011년 1월 14일)
주소 | (03971) 서울시 마포구 성미산로1길 30 2층
전화 | 02-332-0712
전송 | 0505-115-0712
홈페이지 | communebut.com
카페 | cafe.daum.net/communebut

ISBN 978-89-6880-142-6 03300

능력주의와 불평등

능력에 따른 차별은 공정하다는 믿음에 대하여

박권일 홍세화 채효정 정용주 이유림
이경숙 문종완 김혜진 김혜경 공현

교육공동체벗

차례

여는 글
불평등과 특권을 정당화하는 능력주의의 역설
박권일
006

| 1부 |
시험과 학교, 능력주의의 산실

교육에 필요한 것은 탈능력주의
공현
015

시험/평가체제 속 인간과 교육받을 권리
이경숙
034

현수는 개인의 능력으로 행복한 삶을 살 수 있을까
정용주
063

학벌은 끝났는가
채효정
093

| 2부 |
능력주의는 왜 사회에 해로운가

능력주의 해부를 위한 네 가지 질문
박권일
135

차별받는 노동을 정당화하는 능력주의
김혜진
165

의사들의 엘리트주의 그리고 어긋난 정의
김혜경·문종완
183

뛰어난 여성들은 자신의 파이를 구할 수 있을까
이유림
198

닫는 글
'지적 인종주의' 소고
홍세화
216

| 여는 글 |

불평등과 특권을 정당화하는 능력주의의 역설

토머스 제퍼슨은 미국의 '건국의 아버지'들 중 한 사람이고 미국의 제3대 대통령이었으며 만인이 평등하다고 늘 이야기하던 계몽주의자로 유명하다. 그는 1813년 10월 존 애덤스에게 보낸 편지에서 이렇게 썼다.

> 덕성과 재능을 갖추지 못한 채 재산과 신분에 기초한 인위적 귀족 정치가 있다. 나는 자연적 귀족 정치야말로 제도와 신뢰, 정부를 위해 자연이 내려 준 가장 고귀한 선물이라 생각한다.*

제퍼슨은 신분제에 기초한 보수 정치에 반대하는 논리로 자연적 귀족정natural aristocracy을 제시한다. 이는 귀족정에 대한 옹호라기보다

---

* 리처드 세넷, 유병선 옮김(2009), 《뉴캐피털리즘》, 위즈덤하우스, 140쪽.

오늘날의 능력주의meritocracy에 가깝다. 그러나 그는 노예 200여 명을 거느린 농장주였고 단 한 번도 흑인과 아메리카 선주민이 백인과 평등하다는 생각을 하지 않았던 인종 차별주의자였다. 제퍼슨은 문명화를 통해 흑인과 아메리카 선주민을 백인 문화로 편입시켜 백인의 수준으로 끌어올리는 것이 선이고 진보라고 믿었다. 그 문명화 과정은 곧, 백인의 지배를 거부하던 아메리카 선주민에 대한 무자비한 살육이기도 했다.

근대에 들어서며 여러 나라는 지위 세습과 특권을 해소하기 위해 능력주의를 도입했고, 봉건 신분제 사회에 비해 조금 더 평등해졌다. 하지만 법적 신분의 평등은 필요 최소한의 조건일 뿐, 결코 실질적으로 평등하거나 정의로운 상태라 할 수 없다. 그동안 능력주의는 귀족정 또는 세습주의를 혁파하는 정의로운 원칙으로 여겨졌기에 논쟁의 대상조차 아니었다. 그저 옳은 것, 지향할 목표로 당연시됐다. 실제로도 능력주의의 위험을 말하면 많은 이들이 납득하기 어려워한다. "한국 사회에선 세습이나 불법·편법적 특혜 탓에 능력주의가 제대로 관철되지 못하는 게 더 문제 아닌가?"

물론 전근대성은 여전히 잔존해 있다. 그러나 근대가 되었다 해서 전근대적 문제가 일시에 사라지지는 않는다(여성 차별과 여성혐오의 기나긴 역사를 보라). 또한 전근대의 문제가 해소되지 못한 것이 근대의 문제를 방치해야 할 이유도 될 수 없다. 사람들은 지위 세습에 대해 크게 반발하면서도, 막상 세습과 다르지 않은 결과로 이어지는 능력주의 시스템에 대해선 지나치게 옹호적이다. 신분제와 세습이라는 것이 절대 악처럼 묘사될수록 능력주의는 절대 선인 양 오인되었던 것이다.

이렇게 능력주의에 대한 확신이 과도한 사회에서는 사회 불평등에 대한 인지력이 떨어질 수밖에 없다. 미국의 미식 축구 코치 배리 스위처는 이를 절묘한 비유로 표현한 바 있다. "어떤 사람은 3루에서 태어났으면서도 자기가 3루타를 친 줄 안다." 능력주의에 대한 확신은 불평등을 잘 인식 못 하는 걸 넘어 적극적으로 생산하기도 한다. 사회과학자들의 연구에 따르면 자신이 공정하다고 믿는 사람일수록 더 불공정하고 편향되게 행동하는 경향이 있다. 이른바 '능력주의의 역설'[*]이다.

---

[*] Emilio J. Castilla & Stephen Benard(2010), The Paradox of Meritocracy in Organizations, *Administrative Science Quarterly*, Vol.55, No.4(December 2010), pp. 543-576.

능력주의 문제의 핵심

한국에서 도드라지게 나타나는 능력주의는 '시험 성적에 따른 능력주의'다. 대학 입학 시험, 임용 시험, 입사 시험 합격 여부에 따른 차별 대우는 극명하다. 그 격차는 웬만한 노력으로 따라잡을 수 없을 정도다. 과거 사법 시험 등 각종 고시들은 그 정점에 있는 시험들이었다. 직무 수행 능력이나 성과 및 기여와는 직접 관련이 없는 시험 성적만으로 특권적 지위가 정당화되는 이런 '시험 만능주의'에 대해 많은 사람들이 의문을 표하고 비판했지만 현실은 별반 달라지지 않았다. 여기엔 많은 이유가 있겠으나, 그중 하나의 이유는 시험 만능주의의 비판자들이 실은 '은밀한 능력주의자'였다는 점 아닐까 한다.

이들은 시험을 비판하는 한편에서 "시험으로 측정될 수 없는 능력" 같은 말을 한다. 요컨대 능력 자체에 대해서는 긍정하면서 능력을 제대로 파악할 수 없는 제도의 한계를 말한다. 능력주의는 '일하지 않는 자는 먹지도 말라' 같은 인류의 오래된 비례적 정의관에 닿아 있기 때문에 강렬한 호소력을 지닌다. 능력주의에 대한 연구들 중 상당수가 능력주의를 가장한 세습주의, 사이비 능력주의를 비판하면서도 결론에 가서 '진정한 능력주의'를 요청하고 있는 것은 우연이 아니다. 능력주의적 사고방식은 그만큼 떨쳐 내기가 쉽지 않다.

문제의 핵심은 능력 측정의 정확성이나 보상의 비례성에 있지 않다. 설령 능력을 정확히 측정할 수 있는 장치가 발명되었다 치자. 그럼 어쩔 수 없이 능력이나 기여가 적을 수밖에 없는 사람들, 예컨대 장애인들은 딱 자기 능력 정도의 대우만 받아야 하는가? 그런 사회가 과연 정의롭고 좋은 사회인가? 그렇진 않을 게다. 문제의 핵심은 오히려 다음과 같은 질문으로 구성된다. 사회는 무엇을 능력으로 평가하는가? 그 능력의 차이가 실제 어떤 차별로 이어지는가? 그러한 차별은 정당화될 수 있는가? 나아가서, 공동체의 자원은 전체 구성원에게 어떤 기준으로 배분되어야 하는가?

더 나은 사회를 위한 능력주의 비판

이 책에 참여한 10명의 필자는 각자 선 자리에서 치열하게 능력주의를 고민한다. 1부에서 공현은 학교와 교육 제도 전반에 만연한 능력주의를 비판하고 탈능력주의를 제안한다. 이경숙은 교육권과 관련해 〈헌법〉에 명시된 능력주의적 요소를 읽어 내면서 권리가 '능력'으로 제한되지 않고 존엄의 원리에 따라 부여되어야 한다고 주장한다. 정용주는 능력주의에 관한 다양한 문헌들을 참조해 빈곤 가정의 학습 부진아 현수의 삶을 능력주의가 구제할 수 없을 뿐 아니라 오히려 악화시킬 것임을 논증한다. 채효정은 학벌없는사회 운동이 남긴 것들을 돌아보면서 신자유주의와 능력주의의 논리 너머 새로운 시민 저항의 가능성을 타진한다.

2부에서 박권일은 능력주의에 관한 네 개의 질문을 통해 능력주의에 대한 사회적 논의와 발본적 비판을 요청한다. 김혜진은 불안정 노동 현장에서 격렬한 양태로 나타나는 능력주의 이데올로기를 노동의 관점에서 비판했다. 김혜경·문종완은 의사라는 전문가 집단의 엘리트주의가 능력주의의 일종임을 보이고, 의사의 공적 책임 의식을 강조한다. 이유림은 소위 '야망 보지'라는 말로 상징되는 페미니즘 일각의 흐름이 가진 신자유주의적·능력주의적·소비주의적 면모를 비판적으로 분석하고 이를 넘어서는 급진적 사유와 실천을 제안한다. 닫는 글에서 홍세화는 능력주의가 결국 인간을 위계 서열화하여 억압하는 인종주의의 일종임을 지적하며 소비자 아닌 시민 되기를 요청한다.

아무쪼록 이 책에 담긴 능력주의에 대한 다양한 고민과 성찰들이 더 많은 파장과 울림으로 돌아와 한국 사회를 더 낫게 바꾸는 계기가 되길 희망한다.

2020년 11월
저자들을 대신하여 박권일

1부

시험과 학교,
능력주의의 산실

교육에 필요한 것은 탈능력주의

공현
청소년운동 활동가

2016년, 박근혜 대통령 퇴진을 요구하며 백만 명이 광화문에 모였던 어느 토요일 저녁이었다. 서울 종로, 을지로, 세종로 거리 등으로 행진이 시작되었고, 곳곳에 세워진 무대들에서 발언이 이어졌다. 그때 안국동 근처 무대에 올라온 한 발언자는 자신을 '예비교사'라고 소개했다. 그러면서 이렇게 말했다. "정유라처럼 대통령 친구 딸이라고 명문대에 들어갈 수 있다면, 제가 어떻게 학생들에게 열심히 공부하면 좋은 대학 가고 성공할 수 있으니 노력하라고 가르칠 수 있겠습니까?"* 그 발언은 많은 박수를 받았지만, 나는 홀로 중얼거렸다. "아니, 제발 좀 그렇게 가르치지 말라고!"

집회에 참여한 어느 한 사람의 발언일 뿐이었으나 나에게는 강렬한 인상이 남았다. 지금 와서 생각해 보면 그 발언은 참으로 상징적이었다. 2017년 문재인 대통령이 당선된 후 여러 분야에서 비정규직의 정규직화를 추진하자, 정규직화 또는 무기 계약직화가 '공정하지 못하다'는 반발이 일었다. 촛불 집회 무대에서 "열심히 공부하면 좋은 대학에 가고 성공할 수 있다"는 믿음을 수호하고자 했던 그 예비 교사의 주장은 이러한 흐름과 궤를 같이하는 것이었다.

한국 사회는 대중 촛불 집회와 각계 각층의 행동으로 박근혜 대통령을 탄핵하면서 민주주의의 발전을 위한 커다란 계기를 이루어 낸 것을 자축했다. 그러나 우리는 촛불의 열기가 공정한 경쟁과 시험을 요구하는 태도로 이어지는 듯한 장면들을 마주했다. 교육 영역에서는, 교육부의 대학 입시 제도 개편 논의가 결국 수능 시험을 강화하는 방향으로 마무리되기도 했다. 경쟁과 차별, 입시 위주 교육의 문제야말로 사회적 '적폐'라 할 만하건만, '촛불'이 이러한 '적폐'를 더욱 강화하라는 목소리로 나타나는 역설적 상황. 촛불에 잠재해 있던 어떤 이념과 정동이 이러한 결과를 낳고 있는 것일까. 또한 우리 사회가 만들고 겪어 온 교육의 원리가 무엇이었기에, 우리

---

* 2016년 박근혜 대통령 퇴진 운동 당시 제기된, 박근혜 대통령의 비선 측근인 최서원(최순실)의 딸인 정유라가 이화여자대학교 입학과 대학 성적 등에서 특혜를 받았다는 의혹을 말한다.

는 자꾸만 더 공정한 시험을 말하는 데서 그치고 마는 것일까. 그 중심에는 '능력주의'라는 문제가 있다.

평등을 대신한 능력주의

능력주의meritocracy는 개인의 능력merit에 다라 사회적 지위를 분배하는 보상과 인정 시스템을 말한다.* 1958년 영국의 사회학자 마이클 영이 처음으로 이 단어를 제시했고 여기서는 주로 지능의 측면을 강조했다. 이후 미국의 기능주의적 사회학에서는, 사회적 공헌과 성과·실적에 따라 사회적 보상과 지위 분배가 일어나는 것을 산업 사회의 특징으로 보았다. 다니엘 벨은 후기 산업 사회가 교육 수준과 성과에 따라 차등된 소득과 지위를 얻는 '능력주의 사회'라고 주장했다.** 이처럼 능력주의는 때로는 측정된 지능이나 교육 수준에 따라 차별하는 체제나 이념을, 때로는 사회적으로 인정받는 성과나 실적에 따라 차별하는 체제나 이념을 가리킨다고 할 수 있다.

마이클 영은 능력주의라는 개념을 부정적 맥락에서 제시했다. 그는 능력주의로 인해 인간이 평등하다는 신념이 사라지고 차별을

---

* 성열관(2015), 〈메리토크라시에서 데모크라시로 : 마이클 영의 논의를 중심으로〉, 《교육학연구》, 53(2).
** 권성민·정명선(2012), 〈실력주의의 이해와 비판적 고찰 : 교육, 선발 및 정치적 맥락을 중심으로〉, 《인문학논총》, 30.

받아들이게 될 거라고 비판했다. 능력주의 체제에서는 노동자 계급에는 그들을 대변할 지식인이나 전문가가 줄어들게 되어, 하층 계급의 발언력은 줄어들고 노동자 정치는 더욱 어려워지리라고 추측하기도 했다. 그러나 영은 결국에는 능력주의가 파국에 이를 것이라고 내다보았다. 능력주의가 능력을 상속, 세습하는 것으로 귀결되고 세습이 정당하다는 주장도 점점 확산되어, 상층 계급에서 능력이 낮은 자식에게 편법적으로 지위와 특권을 세습하려고 하는 모습이 나타나 결국 불만을 가진 하층 계급에 의해 전복되리라는 것이었다.*

나로서는 이러한 전망조차 다소 낙관적이었다는 생각이 든다. 박근혜 게이트는 그야말로 상층 계급 권력자가 '능력이 낮은 자식 세대'에게 편법을 통해 능력(학력, 대회 실적 등)을 세습하려고 하다가 정권이 무너진 사건에 해당한다고 할 수 있다. 그러나 이에 대한 대중의 저항은 능력주의에 대한 비판이 아니라 '능력에 따른 공정한 기회 확대', 즉 더 완전하고 철저한 능력주의를 요구하는 목소리가 높아지는 것으로 나타났다. 비정규직의 정규직화 등에 대해 반대하는 주장을 하는 사람들이 정유라의 비유를 들고 나오는 것은 이러한 메커니즘을 보여 준다. 능력주의 안에서는 소수자에 대한 차별 시정 조치나 우대 조치 역시 '공정하지 못한 것'으로 인식되는 것이다. 차별에 맞서는 운동이 부당한 압력을 행사하려는 일종의

---

* 성열관(2015), 앞의 논문.

반칙처럼 여겨지고, 소수자들은 무임승차자로 비난을 받게 된다. 노동운동이나, 페미니즘운동 등 소수자운동에 대한 반감도 상당 부분은 이러한 논리에 기반하고 있다.

능력주의 이데올로기는 자본주의 내부에서 활발하게 작동하면서 체제를 정당화한다. 능력주의가 평등을 대체하면서 불평등에 대해 분노하는 운동도 능력주의를 벗어나지 못하게 되었다. 능력주의는 분명히 차별이지만 차별로 인식되지 않고 오히려 '평등', 더 정확히 말하면 '공정'으로 인식된다. 학력·학벌주의를 비판하는 것이 결국에는 개인의 진정한 능력/실력을 평가해야 한다는 이야기나 '고졸 성공 신화' 따위로 치환되는 것이 그 예이다. 대학 입시 제도에서 '공정성'이나 '신분 상승의 기회 확대' 등을 말하면서 시험의 강화를 주장하는 것도 그렇다. 이미 한국 사회는 능력주의를 벗어난 평등을 상상하고 이야기하고 만들기가 어려워진 듯하다.

허구적인 능력주의의 논리

능력주의를 이루고 있는 논리들은 이렇게 정리해 볼 수 있다.

- 개인에게 속하는 고유한 능력(지능/재능과 노력 또는 성취)이 존재한다.
- 능력은 시험과 같은 적절한 절차로 정확하게 측정하고 평가할 수

있다.
- 현대 사회는 (학교교육 등을 통해) 동등한 출발선, 즉 성장과 능력 발휘의 기회를 평등하게 보장한다.
- 각자의 능력은 오직 개인의 책임이다.
- 사회의 불평등과 차등은 (대부분) 능력의 차이에 따른 것이다.
- 더 능력이 뛰어난 사람이 더 많은 보상을 받고 더 높은 사회적 지위를 가지는 것, 즉 능력에 따른 차등 대우는 정당하고 바람직하다.

이러한 명제들은 능력주의에서는 명백한 진실이거나 상식인 것처럼 여겨진다. 하지만 하나하나 따져 보면 결코 생각만큼 자명하지 않으며, 현실과 매우 어긋나는 허구적인 명제인 경우도 많다. 능력에 대한 가장 기본적인 전제들부터가 그러하다.

먼저, 게임 캐릭터의 설정 수치마냥 개인에게 고유한 능력이란 존재할 수 없다. 유전적 요소나 소위 타고난 재능을 인정하더라도, 유전자의 요소가 발현되는 것이나 어떠한 능력이 발달하는 것은 성장 환경을 비롯하여 사회·경제·문화적 배경에 크게 좌우된다. 능력을 발휘하는 것 역시 상황과 여건에 따라 달라진다. 우리는 일상적으로도 같은 사람이 컨디션에 따라, 누구와 같이 호흡을 맞추느냐에 따라 매우 다른 성과를 보이는 사례들을 접하지 않던가. 또한 무엇이 사회적으로 가치 있는 '능력'인지 자체가 사회 상황과 기준에 따라 달라진다는 점에서도, 능력은 본질적으로 사회 제도와 구조의 영향을 크게 받는 개념이다. 능력은 환경적·사회적으로 구성되는 것이며 '온전히 개인에게 속한 능력'이란 환상이다.

그러므로 능력을 측정하기 위한 시험이나 절차 또한 불완전할 수밖에 없다. 물론 잘 준비된 평가 도구들은 어떤 상황에서의 한정된 영역의 능력은 측정할 수 있을 것이다. 그러나 그것이 곧 그 사람의 능력을 정확하게 평가한 결과라고 믿어서는 안 된다는 것이다. 측정 결과가 촘촘하고 '변별력' 있을수록 더 그렇다. 우리는 인지 능력을 평가하는 지필 시험 성적과 실제 작업 성과 사이에 괴리가 나타나는 사례를 자주 겪지 않던가. 평가의 방식이나 기준 자체에 내재된 차별, 편향이 유불리를 불러일으키기도 한다. 규모가 큰 회사에서 표준화된 성과 평가에 의해 급여를 정한 경우에도, 여성과 소수 인종은 편견 때문에 백인 남성보다 인상 폭이 더 낮게 정해졌다는 사례도 있다.*

우리 사회가 기회의 평등을 보장하고 있고 능력의 차이도 불평등도 모두 개인의 책임이라는 믿음은 어떨까? 한국 사회를 비롯해 대부분의 자본주의 국가들에서 기회의 평등이 제대로 보장되지 않는다는 것을 우리는 이미 알고 있다. 사교육비의 격차 같은 겉으로 드러나는 요소는 물론, 어느 지역에 살고 있는지, 주거 환경이 어떤지 등에 따라 배움의 기회부터 건강까지 격차가 생긴다. 개인의 노력으로 이를 극복할 수 있다고 이야기하지만, 더 높은 성취를 목표

---

* 김지혜(2019), 《선량한 차별주의자》, 창비, 111쪽.

로 노력할 수 있는 환경 자체가 차등적으로 주어지는 것이다. 현실의 격차와 불평등은 능력과 결코 무관하지 않다. 인맥이나 상속 등의 요소를 더하면 말할 것도 없다.

마지막으로, 능력에 따른 차등 대우는 과연 정당하고 바람직한 것일까? 능력이 더 뛰어난 사람이 더 많은 보상과 높은 지위를 가지는 것은 정당한가? 비록 우리가 이런 원리에 아주 익숙하긴 하나, 이는 그 자체로 당연한 것은 아니다. 흔히 나오는 것은 '더 많이 노력한 사람에게 더 많이 보상하는 것이 옳다'는 주장이다. 하지만 이는 실제로는 노력의 과정이 아닌 시험의 결과물을 기준으로 차별한다는 점에서 능력주의의 실상과는 다를뿐더러 앞뒤가 바뀐 논리이기도 하다. 개인이 어떤 노력을 했다고 해서 사회가 반드시 보상을 해 줘야 한다는 법은 없다. 교육을 예로 들면 만일 열심히 공부하며 노력했다면, 그 보상이란 성장하고 변화한 자기 자신 자체이다. 노력하니까 보상해 주는 것이 아니라, 시험에서 더 뛰어난 능력을 입증하면 더 많이 보상한다는 시스템이 있기에 사람들이 그에 맞춰 노력하게 되는 것이다. 국가나 기업 등은 원하는 방향으로 사람들이 따르고 역량을 개발하도록 유도하기 위해 보상을 약속한다.

능력이 더 뛰어난 사람을 우대하는 방식은 더 현명하고 유능한 사람이 직위와 결정권을 가지는 것이 사회 전체에 이득이 되기 때문에 정당화된다. 가령 중국에서 시작된 과거 제도는 인재를 선발하여 통치에 활용하기 위한 것이었다. 즉, 능력주의의 정당성은 바로 국가와 사회에 도움이 된다는 것에서 나온다. 기업의 경우라면 더 능력이 뛰어난 사람을 선발하고 승진시킴으로써 기업의 이익을 키울 수 있다는 것이다. '더 많이 노력한 사람에게 보상함으로써 노력할 동기를 부여하기 위해서'라는 논리 역시, 다수의 사람들이 경쟁하고 노력하는 것이 사회 전체에 이득이 된다는 전제를 깔고 있다. 능력주의는 공정성과 개인주의의 외피를 쓰고 있지만 그 밑바닥에는 평가하고 선발하는 측, 국가나 기업 등의 이익이라는 목적을 가지고 있다. 그렇다면 우리는 과연 능력주의가 우리 사회 전체에, 모든 사람들에게 정말로 바람직한지를 얼마든지 따져 물을 수 있을 것이다.

능력주의의 핵심인 학교교육

개인이 받는 교육의 양과 종류는 능력의 척도로 여겨지며 동시에 직업의 적격성 및 직업과 관련된 물질적인 보상을 평가하는 기준으로도 사용된다. 교육은 능력주의의 핵심 동력이다.*

학교교육은 여러 차원에서 능력주의의 핵심적 역할을 한다. 물

---

* 스티븐 J. 맥나미·로버트 K. 밀러 주니어, 김현정 옮김(2015), 《능력주의는 허구다》, 사이, 45쪽.

론 모두에게 보편적 교육권을 보장하기 위한 제도로서 학교교육은 평등을 지향한다. 그러나 이러한 학교교육의 보편적 성격조차 능력주의를 정당화하는 요소가 되는 측면도 있다. 모든 사람에게 평등하게 보장되는 초·중등교육의 기회는 그 자체로 기회의 평등을 실현한 것 같은 착시 효과를 만든다. 평등한 기회를 주었고 뛰어난 학업 성적을 내면 계층 이동도 가능할 테니 '공정한 경쟁'이 이루어진 것이며, 그 이후의 결과는 개인의 책임이라고 능력주의를 정당화하는 것이다.

능력주의는 개인을 사회·경제·문화적 배경으로부터 떼어 내 그 개인의 재능과 노력만을 평가할 수 있다는, 불가능한 자유주의적 믿음을 전제로 한다. 학교교육을 거치면서 나온 성적과 입시의 결과가 바로 학생 개인의 능력인 것처럼 여겨진다. 그리고 결국 학력·학벌에 의한 차별은 노력과 능력에 대한 정당한 보상이라 생각하게 된다. 실제로는 교육사회학의 비판이 보여 주듯, 학교교육 자체에 편향적인 요소가 있어 차별을 더 증폭시키고, 계급을 재생산하고, 지배 계급의 문화적 주도권을 강화하는 측면이 있음에도.

학교교육은 적극적으로 능력주의를 가르치고 현실로 만들기도 한다. 자본주의 사회가 빈자와 부자 사이의 불평등, 부의 격차를 정당화하는 이데올로기를 보자. "능력이 있는 사람이 성공한다." "빈곤은 개인의 탓이다." 이는 사실 우리가 학교에서부터 친숙해지는 논리이다. "똑똑하고 노력을 한 학생이 좋은 성적을 받는다." "네가 공부를 못하는 것은 너 자신의 탓이다." 이처럼 학교는 노골적으로

'기회의 평등만이 옳은 이념'이라고 가르치며, 불평등한 체제를 정당화하는 논리인 능력주의를 그대로 전파한다.

오늘날 교사들은, 높은 학업 성적을 내고 시험을 통과하여 직업을 성취했단 점에서 스스로가 능력주의의 수혜자로서 능력주의에 우호적이기 쉽다. 또한 학생들이 순순히 학교교육을 받아들이고 열심히 공부하도록 동기를 부여하기 위해서라도 교사들은 노력하고 성과를 내면 그만한 보상이 있을 거라고, 그러지 않은 사람이 불이익을 받는 것은 당연하다고 말하곤 한다. 능력주의 체제에서 학교교육은 능력을 기르는 과정이며, 학교에 다니는 어린이·청소년은 아직 능력을 갖추지 못한 예비적 존재들이다. 따라서 능력주의는 어린이·청소년을 통제하고 경쟁과 차별에 순응하게 만드는 역할도 한다. 그들은 아직 능력이 부족하고 능력을 키워 나가는 중이라는 이유로, 생존하고 성공하기 위해선 최대한의 능력을 갖춰 높은 평가를 얻어야만 한다는 이유로 권리를 유예당하고 학업 부담을 지게 된다.

능력주의 체제의 교육에서는, "학력과 성적이 가장 중요할 수밖에 없다. 그것들이 능력의 지표라고 인식되기 때문이다. 그리하여 교육의 궁극적 목표는 가능한 한 높은 학력을 얻는 것이며 또 그 높은 학력에 걸맞은 적격자를 찾아내기 위해 성적에 따라 학생들을 줄 세우는 것이 되고 만다"[*]. 그리하여 학교는 교육 그 자체보다

---

[*] 장은주(2017),《시민교육이 희망이다》, 피어나, 67쪽.

도 정상과 비정상을 분류하고 평가, 서열화하여 차별하는 데 공을 들인다. 학업 성적에 따라 다른 대우를 받고 잘한 사람에게는 보상과 인정을, 못한 사람에게는 때로 멸시가 주어진다. 이와 같이 학교 교육은 능력주의가 가능하도록 해 주는 보증이자, 능력주의를 재생산하고 구현하는 산실이기도 하다.

능력의 측정 또는 입증 과정, 시험

능력주의는 필연적으로 '능력을 객관적으로 평가할 수단'을 요구한다. 앞서 말했듯이 능력은 사회적으로 구성되는 것이고 개인의 전적으로 고유한 능력이 존재한다고 보기는 어렵다. 하지만 능력주의는 능력에 따른 차등적 보상을 약속하기 때문에, 개인의 재능이나 잠재적 능력, 최소한 특정 시점의 개인의 능력을 측정하고 가시화할 수 있어야만 한다.

그래서 능력주의는 지능 검사 등의 평가 도구와 함께 발달해 왔다. 능력주의의 신뢰성은 객관적이라고 믿어지는 평가 시스템 — 현재 한국 사회에서 가장 주요한 방식으로는 시험, 특히 인지 능력을 평가하기 위한 지필 시험 — 에 의지한다. 개인이 홀로 시험지 앞에 앉아서 답을 적어 내고 채점을 받는 과정은 그 자체가 객관적으로 공정하게 개인의 능력을 평가한다는 믿음을 주는 일종의 의식과도 같은 것이다. 시험은 "교육할 의무는 묻지 않고 응시자 개인이 학습한 결과만 따지"*게 만든다는 점에서도 개인의 노력과 능력을 묻는 능력주의 이데올로기에 부합한다. 이 때문에 능력주의를 강화하려고 할수록 시험이라는 방식도 강조되기 쉽다.

시험은 한국 사회의 불투명성에 대한 사람들의 불안감을 해소시켜 주는 장치이기도 하다. 점수화되는 시험, 특히 지필 고사를 거치지 않은 채용은 그 자체로 특혜나 비리가 있었으리라는 의혹을 받곤 한다. 기간제 교사의 정규직화를 반대하는 논거 중 하나는 기간제 교사들 중 일부가 인맥에 의해 채용되었으리라는 의심이었다. 일부 학교에서의 학교생활기록부 기록 과장이나 시험 부정 의혹 사건은 '대입 수능 비중 확대' 주장의 근거가 된다. 의심과 불신 때문에 비리나 주관이 개입할 여지를 최소화한 방법인 시험을 선호하게 되는 것이다.

시험이야말로 가장 공정하고 확실하며, '흙수저'인 개인도 노력하여 승리할 수 있는 방식이라는 신화는 이렇게 만들어진다. 각종 통계나 연구가 이를 부정하고 시험 역시 가정 환경이나 배경의 영향을 크게 받는다고 지적하더라도 아무 소용이 없다. 어쨌건 승리하고 성공하는 개인이 존재하고 자신이 그 승리자가 될 가능성이 0%가 아니라면 실패는 자기 책임이 되어 버리는 것이다. 결국에는 학교는 물론 노동 영역에서도 '공정한 시험'에 의한 평가와 선발이 가장 정당한 방법인 것처럼 여겨지는 것이 작금의 상황이다. 시

---

* 이경숙(2017),《시험국민의 탄생》, 푸른역사, 27쪽.

험의 기회가 평등을, 성적에 따른 보상이 권리를 대신하고 있는 듯하다. 한국 사회에서 득세하고 있는 사고방식을 요약하면 이렇지 않을까. '존엄과 권리를 주장하고자 한다면, 너의 자격과 능력을 증명하라. 되도록 공정하고 객관적인 시험으로.'

이를 가장 강력하게 지지하고 나서는 것은 역설적이게도 시험을 준비하느라 고통받은 경험이 있는 사람들이다. 한국 사회의 능력주의 담론을 자세히 들여다보면 '노력', 그 과정에서의 고생과 인내에 더 초점을 맞추는 경향이 있다. 그만큼 개개인에게 노력과 인내를 강조하기 때문일 터이다. 그래서 '공정한 능력주의'를 이야기하는 사람들의 서사를 들여다보면 보상 심리와 인지 부조화적 태도가 곧잘 발견된다. 자신들이 이렇게 노력하고 고생했으니 마땅히 그러한 고통에 충분한 의미가 있어야 하며, 누군가가 그런 노력과 고생 없이 결실을 얻(으려 하)는 것은 부당하고 억울하다는 것이다.

그러나 이처럼 노력과 고통에 대한 보상을 이야기하는 경우 역시도 능력주의 논리의 자장 아래 있음은 분명하다. 가령, 비정규직 노동자들은 일하면서 쌓은 경험과 경력은 물론, 열악한 노동 조건을 감수하고 일한 고통과 인내 또한 합당한 대가로 인정받지 못한다. 오직 '시험'이라는 능력을 입증하는 과정에 연결된 노력만을 인정하는 것이다. 이는 노동을 천시하고 지능·학력을 숭배하던 관습 그리고 뿌리 깊은 '자기계발'의 논리와도 연관되어 있을 터이다.

'탈능력주의'가 필요하다

학교교육, 특히 대학 입시는 능력주의를 사회적 현실로 만드는 과정이다. 그중에서도 수능 시험은 능력을 평가하고 입증하는 중요하고 상징적인 장치이다. 내가 활동하는 '대학입시거부로 삶을 바꾸는 투명가방끈'이라는 단체에서는 수능 시험 무렵마다 대학 입시를 거부한다고 선언하는 활동을 한다. 그때마다 가장 많이 돌아오는 반응은, "수능 전과목 1등급 받고, 서울대라도 합격하고 나서 거부한다고 하면 인정해 주겠다", "공부 못하는 주제에 거부한다고 하는 건 패배자의 자기변명"과 같은 말들이다. 언론과 인터뷰를 할 때도 기자들이 거부 선언자들에게 성적을 물어보곤 한다. 체제를 비판하고 거부하는 사람들에게조차도 '그렇게 목소리를 낼 만한 자격(능력)이 있는가' 묻는 것이다. 거부 선언을 고민하는 많은 청소년들도 자신은 공부를 못하기에 거부씩이나 할 만한 자격이 안 된다고 지레 망설이는 모습을 보인다. 그럴 때면 나는 능력주의가 능력이 모자라다고 판단당한 자들, 차별받은 자들의 목소리를 빼앗는다는 해묵은 지적을 떠올린다.

대학 입시 문제를 해결하고 경쟁 교육을 바꾸려면 교육의 능력주의적 성격에 맞서 싸워야만 한다. 그러지 않으면서 평가와 입시의 방식만을 바꾸거나 고졸 취업을 장려하는 등의 정책은 모두 별다른 변화를 만들어 내지 못했다. 현재 학교교육과 학력·학벌이 정말 능력을 제대로 보여 주는 것인지 의문이 제기되고 있긴 하다.

그러나 그러한 의문은 대개 지금의 학교교육과 입시 과정이 현재 자본주의 사회가 필요로 하는 능력을 배양하고 평가하고 있느냐 하는 의문에서 비롯되고 있다. 이는 '무능한 국가가 주관하는 학교교육' 대신 더 사적인 교육 시스템이나 개인의 각자도생이 장려되는 결과로 나타날지도 모른다. 그렇게 되지 않기 위해서라도 능력주의 자체를 타파하기 위한 실천이 필요하다.

물론 능력주의를 타파한다는 것은 능력주의가 정당화하는 지금의 자본주의 체제를 타파하는 것으로 연결된다. 하지만 자본주의 사회가 존속하고 있는 동안에라도, 능력주의 자체를 없애지 못하더라도 능력주의의 원리가 아닌 평등의 원리를 더 강화하고 우선하는 공적 제도 등을 만드는 일은 가능하다. 그러기 위해 능력주의의 실체를 이야기하고 이를 비판하는 논의가 더욱 활발해져야 한다. 또한 서열화와 차별, 경쟁으로 인한 고통을 감소시키고 복지와 사회적 안전망을 강화하는 종합적인 정책이 필요하다.

민주주의적 개혁을 내세운 문재인 정부는 2018년 대학 입시 제도 개편을 이야기하면서, 또 2019년 이른바 '조국 사태'*를 거치며 입시 제도가 논란이 되자, 수능 시험 비중을 확대하는 방향의 정책

---

* 진보적 법학자로 유명했고 청와대 민정 수석 비서관이던 조국이 법무부 장관 후보로 지명된 후, 여러 의혹이 제기돼 장관직에서 사퇴한 사건. 특히 외고 재학 중이던 딸이 의학 연구소에서 인턴십을 하며 논문에 제1저자로 이름을 올린 일이나 아들에게 인턴 활동 증명서를 허위로 발급했다는 의혹 등 입시를 위한 스펙 만들기의 부적절성 문제가 집중적으로 제기되었다.

을 내놓았다. 이는 능력주의 이데올로기가 대단히 강고함을 확인해 주었으며 교육 제도에 대한 불만이 재차 능력주의를 강화하는 방식으로 왜곡되는 과정 역시 잘 보여 주었다. 박근혜 대통령을 성토하던 촛불 집회 그리고 문재인 정부의 정치적 입장으로부터 예견된 것이기도 했다. 문재인 대통령이 2012년 대선 후보 당시 내세우고 2017년 대통령 취임 당시 언급했던 "기회는 평등할 것, 과정은 공정할 것, 결과는 정의로울 것"이라는 표어는 능력주의 세계관을 아주 잘 담고 있다. 평등한 것은 '결과'가 아닌 '기회'라는 점 때문만은 아니다. 기회-과정-결과의 도식 자체가 개개인 간의 경쟁으로 사회를 이해하고 구조화하는 것을 반영하고 있기 때문이다. 능력주의의 대표적인 비유는 달리기 등의 경주이다. 이때 우리는 출발선(기회)이 같았는지, 규칙(과정)은 공정한지, 이로부터 도출된 서열과 승패(결과)가 정당한지를 보게 된다.

하지만 우리 사회나 삶은 개개인이 참가하는 경주나 시합이 아니다. 경주나 시합이 있다 하더라도 그것은 일부일 뿐이다. 사회와 삶 전체를 경주로 보면 결국 우리는 끊임없이 서로의 속도와 기록을 재기 위한 시험과 평가로 생애를 채워 나가야 한다. 불필요한 경쟁과 무의미한 고통이 다수에게 요구된다. 이에 집중하다 보면 평가와 차별의 룰을 만들고 시행하는 권력은 가려지게 된다. 능력주의는 단지 공정한 경쟁의 룰이 아니라, 통제·관리의 수단이며 평가하고 선발하는 측(국가, 기업 등)의 이익을 위한 시스템이다. 능력주의 속에서 사람들은 평가하고 선발하는 힘을 가진 측이 제시한 교육과정에 따라 스스로 학습하고 통제받으며 자신을 그 틀에 맞추려고 애써야만 한다. 불평등과 차별에 대해서도 정당하고 공정한 것이라 순응해야만 한다.

평등을 이야기하고 실현하기 위해서는 경주 레인의 바깥과 주변을 넓게 보아야 한다. "우리는 기울어진 운동장이 아니라 운동장 자체를 문제 삼아야 한다. 이 운동장은 이미 편향적으로 권리 주체를 상정하고 있기 때문이다. (……) 운동장에서 기울기를 조절하려는 싸움은 결국 파이 싸움이 될 뿐이다. 따라서 평등은 각기 '쟁취'하는 것이 아니라 현재의 운동장을 해체시키고 재구성하는 것이 되어야 한다."* 무엇보다도 경주의 세계관을 벗어나는 다른 세계관을 이야기하고 실현하는 대안이 필요할 것이다.

이러한 대안적인 세계관을 만들어 내고, 능력에 따른 차별이 아닌 평등한 존중과 환대의 경험을 만들어 내기 위한 첫 번째 과제가 학교교육의 변화라고 생각한다. 이는 학교교육이 대다수의 사람들이 경험하는 공통의 과정이기 때문만이 아니라, 현재 능력주의를 실현하는 가장 중요한 장치이기 때문이기도 하다. 학교교육에서 개인의 노력과 능력에 따른 차별을 정당화하고 시험 결과에 따른 서열화와 보상을 하는 요소들을 모두 바꿔야 한다. 이는 능력주의가 평등의 자리를 대신 차지하고 있는 상황을 바꾸는 출발점이다. 또

---

* 나영, 〈'평등'의 전제를 뒤집어 평등을 실현하는 '정의'로〉, '[세계인권선언 70년 연속 토론회] 문제적 인권, 운동의 문제 - 평등은 평등으로 가고 있는가' 발제문, 2018년 8월 30일.

한 개인의 능력에 맞추어진 논의의 초점을 사회와 제도로 옮기기 위함이기도 하다. 학생 개인의 학습 결과를 평가하는 게 아니라, 국가와 사회와 학교의 의무를 먼저 물어야 한다. 개인에게 능력을 갖추라고 요구하는 것 말고, 교육 기관이나 기업, 사회가 능력과 역량을 성장시키고 발휘하도록 개인을 지원하는 데 방점을 찍어야 한다.

장은주는 《시민교육이 희망이다》에서 능력주의가 지배하는 교육이 곧 민주주의에 대한 위협이라고 지적한다. 학교가 민주주의교육의 장이 되려면 각자도생의 능력주의적 원리를 극복해야만 한다. 집단적 활동과 정치적 경험, 평등의 원리는 모두 능력주의와는 원리상 배치되기 때문이다. 민주주의 사회의 시민은, '합리적인 개인'이 아니라 사회적인 존재이고 연대에 의해 구성되는 존재이다. 그러므로 공교육의 본래의 이념에 따라 교육이 민주주의의 시민으로서의 역량을 기르는 과정이 되려면, 국제 인권 규범 등에서 제시한 대로 교육이 모든 사람과의 관계에서 이해·평화·관용·평등·우정의 정신에 입각하여 자유로운 사회에서 책임 있는 삶을 영위하도록 준비하는 것을 목적으로 삼게 만들려면, '탈능력주의' 교육으로의 전환이야말로 무엇보다도 우선시되어야 할 것이다.

※ 이 글은 《오늘의 교육》 47호(2018년 11·12월)에 게재한 글 〈탈능력주의 교육을 꿈꾸며〉를 수정·보충한 것이다.

시험/평가체제 속 인간과 교육받을 권리

이경숙
경북대 강사

점수, 시험 그리고 능력주의

〈인간 평점의 세상〉이라는 김동식의 소설이 있다.* 소설의 내용

---

* 김동식(2018), 〈인간 평점의 세상〉, 《양심고백》, 요다. 김동식 작가는 대한민국에서 평가가 갖는 막강한 힘을 신랄하게 고발한 단편 소설을 여러 편 발표했다. 〈인간 평점의 세상〉, 〈시험 성적을 한 번에 올리는 비법〉, 〈서울 숲 게임〉, 〈인간을 파시오〉, 〈김남우 선생의 노량진 이야기〉, 〈성공한 인생〉, 〈고르고 고른 인재들〉 등이 있다.

은 이렇다. 평가에 맛들인 인간들이 드디어 악마에게마저 점수를 매기니 졸지에 꼴찌 낙인이 찍힌 악마가 약이 올랐다. '평가질' 좋아하는 인간들에게 그도 똑같이 점수로 저주를 내렸다. 사람이 죽으면 그 사람의 인생 점수를 머리 위에 딱 띄워 주는 식이다. 그러니 형편없는 점수를 받은 사망자의 자식들은 죽음을 숨기기 급급했고, 사회에서 애도는 사라지고 뒷말만 무성했다. 하나, 인간들이 누구랴. 인간들은 곧 사후 점수 체제에 적응하여 생전에 자기 인생을 적당히 관리하게 되자 악마의 악의와 달리 세상은 제법 훈훈해졌다. 더 화가 난 꼴찌 악마. 그를 본 1등 악마는 방법이 잘못되었다며 1등다운 비법을 보여 준다.

> 1등 악마는 꼴등 악마가 인류에게 걸었던 저주를 아주 간단하게 바꿔 버렸다. 그 이후, 인간은 죽을 때까지 평가받지 않았다. 그 대신, 태어날 때 평점을 받고 태어났다. 10점짜리 아기, 5점짜리 아기, 1점짜리 아기…*

태어나는 순간에 받아 든 인간 점수. 소설은 이렇게 끝나지만 소설 속 그 이후 세상은 어찌 펼쳐질지 훤하다. 버려야 할 아이와 살려야 할 아이, 쓸모없을 아이와 성공할 아이, 단 한 푼 지원도 아까운 아이와 더 많이 투자하고 대접해야 할 아이, 메마른 삶을 살게 될

---

* 김동식(2018), 앞의 책, 10쪽.

가난한 이들과 모든 걸 갖춘 유능한 부자들……. 세상은 그렇게 나뉘고 세대를 거듭하는 동안 계층은 능력과 함께 재생산될 것이다.

김동식 소설의 마지막 장면은 마이클 영의 소설 《능력주의의 발흥The Rise of the Meritocracy》을 떠올리게 한다. 이 책은 '능력주의meritocracy'라는 단어를 세계 최초로 만들어 능력주의 사회의 위험을 경고한 세계적 명저이다. 영은 의무교육과 공무원 채용 시험이 영국에 도입된 1870년, 핏줄과 연줄 대신에 능력주의가 지배하는 사회를 그린다. 능력이란 지능과 노력이며, 시험(지능 검사)으로 측정된다. 과학 발달과 함께 능력을 예측하는 지능 검사가 더욱 정밀해지고 예측도가 높아지면서 개인의 지능 검사 시기는 갈수록 빨라진다. 2000년경에는 9세, 2015년에는 4세, 2020년에는 3세로 조정된다. 마침내는 임신 상태, 즉 태아기에 과학적인 지능 검사가 이뤄진다.* 영이 이 책을 출간한 때는 1958년, 지금으로부터 60여 년 전에 그는 능력주의가 지배할 미래 사회를 디스토피아로 그렸다. 김동식과 마이클 영이 예고한 신분제화된 능력주의 사회의 모습은 오늘날 점점 더 가족의 사회·경제·문화적 부와 함께 세습되고 있는 학벌 사회의 현실을 비춰 준다.**

---

* 마이클 영, 한준상·백은순 옮김(1986),《교육과 평등론 : 교육과 능력주의 사회의 발흥》, 전예원, 210~213쪽.(편집자 주 : 이 책은 2020년 다시 번역 출간되었다. 유강은 옮김,《능력주의 : 2034년, 평등하고 공정하고 정의로운 엘리트 계급의 세습 이야기》, 이매진.)
** 조귀동(2020),《세습 중산층 사회》, 생각의힘; 리처드 리브스, 김승진 옮김(2019),《20 VS 80의 사회》, 민음사; 셰이머스 라만 칸, 강예은 옮김(2019),《특권》, 후마니타스.

능력이란 맥락 의존적 개념인 만큼 능력 개념과 능력 평가 방식은 시대와 사회에 따라 다르지만, 시험을 쳐 유능한 인재를 뽑는다는 생각과 제도는 역사상 오래되었다. 중국과 우리나라에서는 제한된 사람이 치긴 해도 과거 시험으로 사람을 선발한 1천여 년의 역사가 있다. 동양의 과거 시험이 서구와 만난 것은, 계몽주의 출현, 혁명, 산업화, 식민지 점령, 대규모 인구 이동이 이뤄지던 18세기 무렵. 서구 사회는 거대한 변화의 시기에 적합한 새로운 지식과 능력을 갖춘 사람이 필요했고, 그즈음 서양에 소개된 중국의 과거 시험은 변화하는 서구에 딱 적합한 방법이었다. 폐쇄적인 공동체를 벗어나 인간 능력을 투명하고 객관적으로 평가한다는 생각과 제도를 도입하였던 것이다.

20세기, 의무교육 제도가 확산되고 사회에서도 사람을 선발 배치하면서 동서양에서 능력주의를 작동케 하는 가장 일반적인 기제는 시험이었고, 능력의 현실태는 점수였다. 21세기 오늘날은 시험과 시험 결과가 점점 세계 공용의 언어로 표기되고, 세계 어디서나 성적표들이 통용되고 있다. 능력의 현실태인 점수는 인간을 오직 하나의 비교 값으로 투명하게 만든다. 한 인간을 둘러싼 가문, 경력, 사상 같은 온갖 요소들을 제거하고 오직 점수로 본인 자신과 혹은 타인과 비교 가능하게 만들어 준다. 시간과 공간을 가로질러 사람들은 점수를 보면 한 개인의 능력을 직관적으로 안다고 생각하고 신뢰한다. 이게 점수의 위력이고 숫자화된 점수의 마력이다.

점수가 인간의 능력을 비교 가능하게 만들어 준다면, 시험은 숱

한 삶의 이력을 품은 개인들을 경쟁의 장에 올라서도록 한다. 이는 본인 자신과의 경쟁인 경우도 있지만, 더 많은 경우에 시험에 의한 경쟁이란 다수와 벌이는 상호 능력 비교이다. 상호 비교를 위해 경쟁의 장에 올라선 그 시간, 즉 시험 시간만큼은 다른 어떤 외부적 개입도 불가능한 조건을 만들어 경쟁의 공정성을 확보한다. 제아무리 부자라도 시험 시간만큼은 족집게 강사도 데려가지 못하고 남들보다 더 좋은 성능의 장비를 가져가지도 못한다.

시험 중 가장 대표적인 시험은 지필 시험이다. 제1차 세계대전 때 미국에서 발명한 객관식 출제와 채점 방식은 값싼 비용과 짧은 시간에 처리 가능하다는 효용성과 채점자의 주관이 개입할 여지가 없다는 '객관적' 채점으로 각광받았다. 이 방식은 대한민국에서는 미군정기 소개되어 1980년대 대학 입학 학력고사를 전적으로 선다형 시험으로 치르면서, 시험은 객관식 혹은 선다형이 가장 객관적이고 공정하다는 인식이 팽배해졌다. 사실 선다형이냐 서술형이냐, 어떤 문제와 과목에 가중치를 둘 것이냐, 몇 번 치도록 허용하느냐, 출제자가 누구냐, 응시자가 어떤 지원을 받았느냐에 따라 시험 결과가 달라지므로 객관식 시험이 객관적이고 공정하다는 인식이 타당하지는 않다. 하지만 시험과 점수는 이 모든 걸 가려 버리고 결과로서 인간을 비교 가능하게 해 주는 도구가 되었다.

그런데 객관성, 공정성, 효율성을 내세운 시험과 점수 표기 방식이 변화하고 있다. 1995년 교육 개혁과 1997년 외환 위기 사태 이후 우리 사회에서는 지필 시험보다는 다양한 평가가 더욱 일상화되고 힘이 막강해졌다. 대학에서는 선다형 시험 이외의 평가 방식을 도입했고, 기업체나 각 기관들에서는 해고가 잦아지고 성과를 중시하면서 성과 평가가 개인의 삶을 흔드는 손이 되었다. 오늘날 입학과 입직을 위한 평가, 즉 출입문에서 사람을 걸러 내는 평가들은 다양한 능력을 요구한다. 글로벌화된 세상이자 기술이 나날이 발전하는 세상에서, 대규모 지필 시험으로 측정할 수 있는 인간 능력의 범위는 편협하다는 판단 아래 인간의 다양한 능력을 평가할 것을 강조하고 있다. 학교도 기존의 지식 중심 교육에서 지식 정보 처리 역량이나 창의적 사고 역량 같은 '핵심 역량 중심' 교육으로 방향을 전환하였다.

시험은 종합적 평가로, 점수는 등급으로 바뀌었다. 평가도 모두 펜 한 자루만 쥐고 똑같은 책상에 앉아 시험 치는 방식에서 실제와 유사한 환경 속에서 각자의 능력을 펼쳐 보이는 방식으로 바뀌었고, 최종 결과만 평가하는 형태에서 점차 능력을 성취하는 과정까지도 세세히 평가하는 형태로 바뀌었다. 1인 채점자나 기계에 의한 획일적인 채점 방식이었는데, 이제는 여러 평가자들이 참여하고 합의하는 방식이 도입되고 있다. 이런 일상적이고도 종합적인 평가는 어린 시절부터 문화적으로 풍부한 환경에서 자라 다양한 경험에 익숙하고 '편안한' 이들*에게 유리할 수밖에 없다. 때문에 종합적인 평가는 저항에 부딪히기도 한다. 많은 시간과 노력, 자원이 소비되

---

* 셰이머스 라만 칸, 강예은 옮김(2019), 《특권》, 후마니타스, 354쪽.

는 이런 평가보다 비교적 간편하고 누구나 도전하기 쉬운 지필 시험으로의 회귀를 주장하는 이들이 있지만, 결국 평가받는 입장에서는 평가하는 자의 힘에 끌려갈 수밖에 없다.

다방면 평가가 일상적으로 이뤄지고 그 기록이 차곡차곡 쌓이는 시스템에서는 어느 하루 유난히 운이 좋았던 까닭에 좋은 성적을 얻기란 어렵다. 하지만 현실의 능력주의에는 더 거대한 차원의 사회적 행운이 작용한다. 어떤 시대, 어떤 사회, 어떤 가정에서 태어났느냐 하는 사회적 행운이 한 사람의 잠재력이 발휘될 가능성과 관계가 매우 깊기 때문이다.* 다양한 능력이 출현하고 그 능력을 발휘할 기회가 충분한 환경(예컨대 부유한 국가, 자유로운 도시, 부유한 가정)에서 태어났는지, 아니면 당장 생존을 위한 능력만 허용되고 다른 능력 발휘는 꿈도 꿔 보지 못할 환경(가령 전쟁과 가난에 시달리는 국가의 가난한 국민으로)에서 태어났는지는 개인이 어쩔 도리가 없는 운이다.

그래서 마치 모든 개인이 공정한 출발선에서 능력을 다투고 정당한 보상을 받는 양 하는 능력주의는 허구이다. 개인마다 능력을 발휘하고 싶어 하는 분야도 다르고 각 분야 안에서 개인이 발휘하는 능력도 다르다는 것은 인정해야 할 사실이다. 그렇지만 개인의 능력 차를 인식할 때 염두에 두어야 할 내용이 있다. 첫째, 그 어떤

---

* 로버트 H. 프랭크, 정태영 옮김(2018),《실력과 노력으로 성공했다는 당신에게》, 글항아리.

개인의 능력이라도 사회·경제·문화 의존적이며, 둘째, 그렇기에 개인의 능력 차이가 개인의 보상 독점이나 개인에 대한 사회적 차별로 이어져서는 안 되고, 셋째, 개인 능력의 차이는 불평등이 아니라 인류 공영의 자산이 되어야 한다는 것이다.

시험/평가체제 속 인간들, 납작해지거나 부풀려진

종합적인 평가가 확산되고 있다지만 여전히 지필 시험의 위력은 강력하다. 2019년 50만 명가량이 응시한 대학수학능력시험, 2019년 5월 시점에서 공무원 시험과 자격증 시험을 포함해 71만 명의 청년층이 준비 중인 각종 취업 시험.* 적게 잡아도 한 해 120만 명의 수능 응시자와 취업 시험 지원자들이 고득점과 합격을 바라며 시험공부에 매진하는 한 시험의 위력은 꺾이지 않는다. 비정규직을 정규직화할 때 청년층은 '비정규직이 공정한 채용 과정, 즉 채용 시험 없이 입사해 놓고 이제 와 청년들의 좋은 일자리를 가로챘다'며 반발했고, 같은 대학생들끼리 입학 성적이 낮다는 이유로 다른 학생들을 벌레("○○충")라 부르는 혐오 표현도 등장했다. 평

---

* 통계청에서는 일반 공무원 시험 준비생을 약 22만 명으로 집계하였지만, 김향덕·이대중은 최소 32만 명에서 최대 50만 명, 평균치인 약 44만 명으로 추정하고 있다.(통계청 (2019), 〈2019년 5월 경제활동인구조사 청년층 부가조사 결과〉; 김향덕·이대중 (2018), 〈공무원시험 준비생 규모 추정 및 실태에 관한 연구〉,《현대사회와 행정》, 28(1), 59쪽.)

가의 한 종류인 시험이 여전히 강력한 동시에 종합적 평가로 평가 방식이 전환되고 있으므로 이 글에서는 시험/평가라는 용어를 사용하고자 한다. 그리고 이런 시험/평가가 사회 전체에서 인간의 삶을 지배하는 기제가 되는 체제를 '시험/평가체제'라고 명명하고자 한다. 이 체제의 동력은 경쟁과 서열화이다. 사람들은 시험/평가를 위한 치열한 경쟁을 통해 서열화된 능력을 인증받고 교육받을 기회와 소득과 지위를 배분받는다.

 시험/평가체제 속에서 인간들의 삶은 녹록지 않다. 일터에서는 성과를 지속적으로 평가하여 사람들을 압박한다. 특히 열악한 곳일수록 평가는 임금 삭감과 해고와 같이 삶을 해치는 조치로 이어지는 치명적인 수단이 된다. 학교에서는 학벌 따기를 최종 목표로 한 시험/평가를 부지런히 실시한다. 1995년 교육 개혁 이후부터 도입된 수행 평가, 다양한 평가 방식, 과정 중심 평가, 새로운 대학 입학 전형으로 학교 내 평가는 그 이전보다 일상화되고 광범위해졌고 세분화되었다. 변화된 시험/평가 환경에서 좋은 성적과 학벌을 성취한 소수 학생들은 치열한 경쟁을 뚫기 위해 어린 시절부터 세계 최장 시간의 학습 노동을 하며 자신을 학습 기계로 만들어 가는 반면, 오히려 대개의 학생들은 배움에 취약한 순서대로 배움으로부터 차례로 멀어진다. 누군가의 학습 지원 없이 시험/평가 자체가 학생을 더 나은 배움과 성장으로 이끄는 경우는 흔치 않다. 키를 자주 잰다고 키가 커지지 않듯 시험/평가를 자주 본다고 배움과 성장이 보장되지는 않는다. 학교가 시험/평가한 '능력에 따라' 학생들은 고등학교 문 앞에서 갈리고 또다시 대학 문 앞에서 서열화된다. 학생들은 '능력'을 이유로 학교에서 질 좋은 배움과 성장의 기회를 더 많이 얻거나 상실한다.

시험/평가는 인간이 만들었지만, 시험/평가가 인간을 만들기도 한다. 경쟁과 서열화의 힘으로 굴러가는 체제 속에서 개인들은 시험/평가에 적합한 자세와 태도, 가치를 체득한다. 이 속에서 다수의 학생들 그리고 사람들은 삶이 납작해져 버린다. 학교는 그들에게 무지로부터의 해방 대신에 무지라는 낙인의 고통을 선사한다. 마음을 설레게 했던 장래 희망도 시험/평가 결과를 받아 보며 일찌감치 포기하게 되고, 그들이 살아온 경험, 지혜, 앎은 학교와 사회에서 승인받지 못한다. 성적 좋은 학생들은 교사들이 일일이 관찰하고 발굴하여 적어 준 내용으로 책처럼 두꺼운 학교생활기록부(학생부)를 자랑하는 반면, 교사의 눈으로부터 멀어진 다수 학생들의 학생부는 대체로 별 쓸모없는 무성의한 기록을 담고 있거나 아예 텅 비어 있다.* 학교에 있으나 배움에서 멀어지고 일터에 있으나 해고를 걱정하며 하루하루 현실을 살아가기도 버거워 애써 자신을 드러낼 여력조차 갖기 어려운 개인들을 타인들과 사회는 폐쇄적이고 무능력하고 무기력한 사람으로 취급한다. 그 사람의 생애를 알

---

* '스펙 몰아주기' 같은 현상을 없애기 위해 개정된 2020학년도 〈학교생활기록부 작성 및 관리 지침〉에서는 상급 학교 진학용으로 제출하는 수상 경력은 1학기당 1개로 한정하고, 기초 교과(군)와 탐구 교과(군)의 '세부 능력 및 특기 사항'은 모든 학생의 학생부에 기재하도록 했다.

고, 정서를 공감하고, 생각을 나누며 능력을 발견하게 된다면 그 누구도 쉽게 '처리'해 버릴 수 없기 때문이다.

한편으로 사람들은 경쟁 속에서 남들보다 더 많이 축적된 질 좋은 활동과 성과를 보여 주어야 한다는 압박에 시달린다. 내면의 변화를 타인이나 시장市場이 파악할 방법도 없고 파악할 이유도 없지만, 평가자들이 능력을 측정하려면 평가 대상자들이 성과나 결과 혹은 그에 이르는 과정 속에서의 변화를 가시적인 것으로 만들어 보여 주어야 한다. 이 보여 주기 과정은 부풀리기 논란을 초래한다. 남들에게 잘 보이려 약간의 허세나 허풍을 떠는, 자기 자신과 자신의 삶에 대한 애정을 말하는 것이 아니다. 부풀리기 논란은 단순히 팩트를 기록했느냐 여부가 아니라 경쟁에 처한 사람들이 그렇게 행위하도록 유혹을 느끼고 갈등하게 만들고, 또 정도의 차이는 있지만 다들 그렇게 하도록 만드는 구조의 문제이다. 학벌과 부를 누리는 성공한 삶을 향해 사회 전체가 전력 질주하도록 구조화된 세상에서, 부풀리기는 단지 내가 했느냐, 누가 몇 번을 했느냐, 무엇을 위해서 했느냐 하는 개인의 양심이나 선택의 문제를 의미하지 않는다. 내가 직접 하지 않았더라도 누군가 부풀리기를 하거나 부풀리기에 연루되고, 그로 인해 정직한 사람이 손해를 입는다고 생각하게 만드는 구조의 문제이다.

직장에서나 학교에서나 부풀리기는 마찬가지다. 직장에서는 성과 조작, 성과 가로채기의 유혹이 있다. 학교에서는 교사나 학생이나 성적을 부풀리고 싶은 유혹에 노출된다. 학생으로서는 남들보다 단 1점이라도 더, 단 1줄이라도 더 좋은 평가를 받아 놔야 덜 불안하고, 교사로서는 학생의 장래를 망칠 수 없다는 우려 때문이다. 교사들도 학생의 장래를 위해서 시험 문제를 쉽게 출제하거나 긍정적 내용만 기록하는 게 교육적이냐, 사실 그대로 기록하는 게 교육적이냐 하는 딜레마에 직면한다.

학교에서는 부풀리기 논란 때문에 절대 평가가 상대 평가로 바뀌었고, 학생부에 기재 금지되는 사항들이 매년 추가되어 왔다. 학생부가 대학 입학에 중요한 자료로 부상하면서 최근 10여 년 동안 교외 수상 경력, 소논문 실적, 해외 봉사 활동, 진로 희망 사항 같은 항목들이 기재 금지됐다. 학생부 기록 항목 중 수상 경력 항목은 오랫동안 부풀리기 논란의 중심에 서 있었다. 부모들이 직접 교외 단체를 만들어서라도 자녀에게 상을 주고 그 상을 학생부에 기록했다는 고발이 잇따르자, 교육부는 학교 외 수상 경력 기록을 금지했다. 이제 교내 대회만 기록할 수 있게 되자 이번엔 교내 대회가 폭증했다. 2017년 한 해 전국 고등학교에서 개최한 교내 대회가 78,499개이고 수상자는 전체 고등학생 숫자보다 많았다. 2014년도와 비교하면 전체 학생 수는 8% 줄었지만 수상자는 34% 증가한 수치였다.* 뿐만 아니라 한 학생에게 한 해 동안 20개 이상 상을 몰아준 학교가 627곳이었다. '거리의 단찬'이라는 TV 프로그램에 출

---

* 김해영 국회의원실, "[보도 자료] 학생부종합전형 이후 교내대회 수상자 4년간 34% 증가", 2018년 10월 14일.

연한 한 서울대학교 학생은 2018학년도 입학 당시 학생부 종합 전형으로 합격하였는데, 학생부만 41장이었고 그중 2장에 걸쳐 빽빽이 적힌 수상 목록은 자그마치 56개였다.* 학교에서도 많은 상을 주려다 보니 '학급 아이들이 정하는 인기상 같은 것'이라는 '스마일상'까지도 만들어 수상했다. 56개는 다른 학생보다 많은 편이지만, 2018학년도와 2019학년도 서울대 수시 합격생들의 평균 수상 경력이 30개였으니** 평균적으로 1년에 10개의 상을 받은 셈이다.

수상 경력만이 아니라 교과 능력에 대한 세부 기록도 부풀려 주는 사례들이 있다. 역시 같은 프로그램에 출연한 서울대 수리과학부의 한 학생은 이렇게 발언한다. "정말 초등적인 부분, 진짜 쉬운 부분만 약간 찾아서 발표를 했단 말이야. 식 전개는 몇 줄, 2줄, 3줄만 했는데, 선생님이 정말 내가 리만 가설을 증명한 것처럼 써 주신 거야. 그래서 되게 당황했지. 나는 면접을 보면 이걸 설명해야 하잖아. 이거를 보면서, 생기부 보면서 이거는 너무 페이크다. 화장을 떡칠한 느낌이다." 이런 현상은 학교에서 성적 좋은 학생들에게 '스펙 몰아주기', '수상 몰아주기'를 하고 학생부에 더 많은 내용을 기록해 줬기 때문에 벌어진 일이다.

---

* '거리의 만찬 : 입시왕 1부', 〈KBS 2TV〉, 2019년 10월 6일.
** "서울대 학종 합격자 스펙 보니, 봉사 139시간, 교내상 30개", 〈중앙일보〉, 2019년 9월 15일. 이 기사의 근거 자료는 김병욱 국회의원이 서울대에서 제출받은 '2019학년도 서울대 수시 합격생 현황'이다. 이 자료에서 말하는 서울대 합격생이란, 서울대 최종 등록자 중 학생부 온라인 수신 제공 동의자를 기준으로 한 것이다.

그저 수치로 표시되는 납작한 삶도 있다. 그들의 풍부한 삶의 경험은 어디에서도 평가받거나 발견되지 못하고, 학교 중퇴나 가출할 때 그리고 사고와 산업 재해가 발생했을 때 비로소 그곳에 사람이 있었음을 알게 되는 경우들도 있다. 고공 크레인에서 작업하던 노동자의 추락사 뉴스를 들으면서 많은 사람들은 그 높다란 곳에서도 사람들이 일하고 있었음을 생각해 낸다. 2010년 천안함 사건이 났을 때, 사망자들의 프로필이 언론에 보도됐다.* 프로필에 기재된 최종 학력을 보면, 누가 서해를 지켰는지가 보인다. 46명 중 최고령자가 마흔 살이고 10대와 20대가 35명을 차지하는 청년 집단인데, 46명 중 20명이 고등학교 졸업자, 14명이 전문대학 졸업자였다. 4년제 대학 졸업자들도 대부분 그리 유명하지 않은 대학을 나왔다.

김용균은 전문대학을 졸업했다. 군 복무 후 2018년 한국서부발전이라는 공기업에서 일할 기회를 잡았다. 단 5일간 기초적 교육만 받고 신입 직원 혼자서 수 km에 이르는 연료 운반 설비 점검 일을 맡게 되었다. 그는 홀로 밤샘 근무를 하던 중 컨베이어벨트 아래로 몸을 숙여 시설 점검을 하다 사망했다. 이 기업에서는 최근 10년 동안 매년 1명꼴로 노동자가 산업 재해로 사망했지만, 안전 관리를 잘 했다는 이유로 한국경영인증원 상, 국무총리 상, 대통령 상을 두루 탔다. 김용균 같은 협력사 직원들의 산재 사망은 한국서부발전의 안전사고로 처리하지 않기 때문이었다. 〈고 김용균 사망사고 진

---

* "산화한 46인의 꿈과 삶", 〈중앙일보〉, 2010년 4월 16일.

상조사결과 종합보고서〉는 '세계경제대국, 그러나 OECD 국가 중 산업 재해 사망률 1위인 국가'에 이렇게 묻고 있다. "우리가 왜 이 지경까지 왔는가."* 2019년 현재도 매일 3명씩 끼어서 죽고, 떨어져서 죽고, 깔려서 죽는 노동 현장의 처참함을 김훈은 "제도화된 약육강식", "킬링필드"라 고발했다.**

시험/평가로 서열화된 사회에서 평가는 대학 입학이나 취업으로 끝나지 않는다. 노동 현장 곳곳에 평가는 만연해 있다. 얼마나 빨리 배달을 완료하는지,*** 고장 건수가 몇 건인지, 하루에 전화 응답을 몇 건 하고 판매를 성사시켰는지, 고객들은 서비스에 만족하는지 건건이 평가는 이어진다. 평가가 사람을 통제한다. 사람들은 스스로 몸을 숙여 컨베이어벨트 아래로 들어가 점검하고, 컵라면 쑤셔 박은 가방을 메고 바쁘게 뛰어다니며 위험천만한 지하철 선로로 몸을 내밀어 시설을 점검한다. 집단 감염병 사태에도 다닥다닥 붙어 앉아 '콜'을 받는다. 모두에게 평가가 동일한 기능을 하는 것은 아니다. 평가는 이중적이다. 주로 열악한 일터에서의 평가는 가차 없고 잔인하다. 사람들의 삶을 돌아보지 않고 오직 성과를 기준으로 서슬 퍼런 평가의 칼날을 휘두른다. 다른 한쪽에서 평가는

---

* 고 김용균 사망사고 진상규명과 재발방지를 위한 석탄화력발전소 특별노동안전조사위원회(2019), 〈고 김용균 사망사고 진상조사결과 종합보고서〉.
** 김훈, "죽음의 자리로 또 밥벌이 간다", 〈경향신문〉, 2019년 11월 25일.
*** 2016에서 2018년 사이 18세에서 24세 청년 산재 사망 1위(44%)가 오토바이 배달 사고였다. ["배달 죽음 3-②. 벼랑에 내몰린 '은범이들'의 눈물", 〈뉴스타파〉, 2019년 10월 1일] 참조.

성과급 지급의 근거이거나 발전을 위한 지원 근거일 때가 많다. 강사가 받은 낮은 강의 평가는 계약 해지의 이유이고 교수가 받은 낮은 평가는 교수법 보완의 기회인 것은 그 예다. 가치 없는 평가일수록 평가 기준이 지극히 단순하다. 지원에 가까운 평가일수록 평가 요소는 풍부해진다. 평가를 우회할 길도 마련되어 있다.

"우리가 왜 이 지경까지 왔는가." 사회 곳곳에서 다시 묻고 다시 답해야 할 질문이다. 사람들을 끊임없이 시험/평가에 들게 하고, 자신을 시험/평가에 적합하게 단련시켜 오는 동안 사람들은 부풀리기를 시도하고 그중 일부의 사람들은 시험/평가로 잔뜩 부풀려져 성공한 사람의 지위에 오른다. 다른 일부의 사람들은 삶이 부정당한다. 그 고통은 매우 일상적으로 편재해 있지만 보이지 않는다. 보려고 하지 않는다. 김용균의 사망 후 회사 간부 직원이 '매뉴얼에도 없는데 기계 안쪽에 왜 고개를 넣어 점검했는지' 모르겠다는 투로 사망 책임을 개인에게 돌리려 했던 것처럼, 김용균의 고통은, 배달 청년들의 고통은 사회적 고통으로 인식되지 못했다. 2천만 임금 노동자 중 월 200만 원을 받지 못하는 이들이 3명 중 1명*이라도 임금 구조와 노동 환경 개선이 요원한 사회에서, 학교와 사회가 사람을 서열화해서 일자리와 삶의 질을 양극화하는 일이 왜 사회적 고통이 아니겠는가.

---

* 한국경제연구원, "[보도 자료] 2018년 근로자 평균 연봉 3634만 원", 2019년 9월 22일; 통계청, "[보도 자료] 2019년 상반기 지역별 고용 조사 취업자의 산업 및 직업별 특성", 2019년 10월 22일.

"능력에 따라" 교육받을 헌법적 권리를 넘어

우리 사회에서 한 인간이 능력주의를 경험하는 첫 장소는 학교이다. 학교는 헌법이 명시한 교육받을 권리를 실현하는 장이긴 하지만, 실제로는 교육받을 권리보다 능력에 따른 차별을 더 많이 배운다. 현행 〈헌법〉도 교육은 "능력에 따라" 균등하게 받을 수 있는 것이라고 밝히고 있다.

〈헌법〉 제31조 제1항
모든 국민은 능력에 따라 균등하게 교육을 받을 권리를 가진다.

이 조항을 흔히 모든 국민이 균등하게 교육받을 권리로 해석하는데, '능력에 따라'라는 구절을 주목하지 않는 경우가 많다. 이 조항에서 '능력에 따라'라는 구절은 굳이 필요할까?

헌법재판소 판례에 따르면 교육받을 권리란 교육받을 "기회"를 제공한다는 의미이고, '능력'이란 '예컨대 지능이나 수학 능력 등', '정신적·육체적 능력', 혹은 '재능이나 그 밖의 일신 전속적 능력(정신적·육체적 능력)'이다.* 즉 '능력에 따라' 교육받을 권리란 개인의 능

---

* 헌법재판소(1994), 〈교육법 제96조 제1항 위헌 확인(1994. 2. 24. 93헌마192 헌법재판소 전원재판부)〉, 《헌법재판소 판례집》, 6(1), 173~182쪽. 이 판례는 만 6세 이전의 아동이 취학 능력이 있는데도 입학을 허용 않는 법 조항이 위헌 법률이라는 소송에 대한 판결이다. 판결문에서 "능력에 따라 교육을 받을 권리라 함은 재능이나 그 밖의 일신 전속적

력에 적합한 교육을 제공받거나 개인의 개성 혹은 적성을 살린다는 의미가 아니라, '예컨대 지능이나 수학 능력'처럼 교육받을 '정신적·육체적 능력'에 따라 교육받을 '기회'를 얻는다는 뜻이다. 우리 현실에서 이런 능력이란 대개 대학 입학 문 앞에서 드러나는데, 대학 입학 능력은 익히 잘 아는 바처럼 가족의 사회·경제·문화적 배경과 깊은 관계가 있다. 2012년부터 2019년까지의 국가 장학금 신청 현황 자료에 의하면 고려대·서울대·연세대 학생의 40%, 국내 의과 대학 재학생의 48%가 고소득층이란 사실*은 우리 사회에서 개인의 '일신 전속적 능력'이란 것이 일신을 넘어선 일가족의 능력에 가깝다는 현실을 보여 준다. 한편에서는 가족의 모든 자본을 총동원해 전투적 태세로 치열한 교육 경쟁을 벌이고** 다른 한편에서는 온갖 난관에 시달리며 배움으로부터 멀어지고 있는 교육 양극화 현상 속에서, 능력에 따른 교육이란 능력을 이유로 사회 불평등을 온존시키는 장치가 되기 십상이다.

인 능력(정신적·육체적 능력)에 따른, 즉 정신적·육체적 능력에 상응한 적절한 교육을 받을 권리"(178쪽)를 말한다고 적시하고 있다. (손희권(1999), 〈"능력에 따라 균등하게 교육을 받을 권리"에 관한 헌법재판소 판례 분석〉, 《교육행정연구》, 17(2), 189쪽.)

* 김해영 국회의원실, "[보도 자료] SKY 재학생 40.7% 고소득층 자녀, 의대는 48%에 달해", 2019년 9월 27일. 보도 자료에 따르면, 국가 장학금 신청 현황 자료 분석 결과 가구 소득 9·10분위(월 소득 인정액 1384만 원 및 1384만 원 이상)에 해당하는 경우를 고소득층으로 집계했다. 김해영 의원은 '가구 소득 9·10분위 학생에게는 국가 장학금을 지급하지 않기 때문에 고소득층 자녀는 장학금을 신청하지 않는 경우도 있어서 실제 고소득층 비율은 더 높을 것'이라고 밝혔다.

** 이경숙(2013), 〈전투적 교육가족 : 학벌전쟁을 이끄는 가족〉, 《교육열망과 재생산》, 한국학술정보, 51~81쪽; 김현주(2013), 《입시가족 : 중산층 가족의 입시 사용법》, 새물결.

능력이 아니라 희망에 따라, 적성에 따라, 간절한 필요에 따라 교육받을 권리를 가지면 안 될까? 외딴 지역에 살면서 의사의 필요성을 절감한 이가 의학교육을 받을 권리는 권리일 수 없는가. 남 보기엔 이상한 그림 실력이라도 자기 적성에 따라 미술교육을 받으려 한다면 이것은 권리가 아닌가. 1997년 12월에 제정된 〈교육기본법〉은 〈헌법〉과 달리 '능력과 적성에 따라 교육받을 권리를 가진다'고 규정하고 있다. 다양성과 창의성이 요구되는 사회에서 개인 적성에 따라 좋아하는 것을 배울 권리가 보장되고, 변화하는 사회 속에서 새로이 개척해야 하거나 수요가 꼭 필요한 분야를 교육받을 권리가 보장될 때 사회는 훨씬 다양해지고 많은 사람들이 협력하며 살 수 있을 것이다. 국가가 가난했던 시절 한정된 교육 기회를 분배할 요량으로 능력이라곤 해도 고작 시험 점수순에 불과했던 그 능력을 교육받을 권리의 기준으로 삼았지만, 지금처럼 교육을 제공할 경제적 여건이 충분한 데다 어린이·청소년이 급감하는 시대에도 '능력'이 교육받을 '권리'의 유일한 기준일 필요는 없다. 성장하는 세대에게 누구나 원하는 더 많은 능력을 갖도록 교육하고 능력을 발휘할 수 있는 기회를 제공하면 될 일이다.

그렇다면 "능력에 따라" "균등하게" 교육받는다는 조항은 언제부터 어떤 이유로 생겨났는가? 대한민국 〈헌법〉이 '능력에 따라' 균등하게 교육받을 권리를 처음 명시한 것은 1962년 12월 개정한 제6호 〈헌법〉 때부터였다. 그 이전까지 헌법은 "능력에 따라"라는 구문 없이 "균등하게" 교육받을 권리를 담고 있었다.

〈제헌 헌법〉 제16조 모든 국민은 균등하게 교육을 받을 권리가 있다.(제정 1948년 7월 17일)

제6호 〈헌법〉 제27조 ① 모든 국민은 능력에 따라 균등하게 교육을 받을 권리를 가진다.(1962년 12월 26일 전부 개정, 1963년 12월 17일 시행)

제10호 〈헌법〉 제31조 ① 모든 국민은 능력에 따라 균등하게 교육을 받을 권리를 가진다.(1987년 10월 29일 제정, 1988년 2월 25일 시행)

"균등하게" 교육받을 권리는 〈제헌 헌법〉에 앞서 임시 정부 때부터 명시적으로 밝혀 온 권리이다. 1941년 임시 정부는 〈대한민국 건국 강령〉 총칙에서 "사회 각층 각급의 지력知力과 권력과 부력富力의 향유를 균평하게" 한다고 밝히고, 제3장 제7항에서 7가지 항목으로 교육 균등을 구체화하였다. 장차 해방이 되면 세우고자 한 나라의 교육은 누구라도 균등하게 향유할 수 있어야 한다는 정신이었다. 해방 후 〈제헌 헌법〉도 이 정신을 이어받아 균등하게 교육받을 권리를 명시했다. 그리고 〈제헌 헌법〉 전문에 "정치, 경제, 사회, 문화의 모든 영역에 있어서 각인의 기회를 균등히 하고 능력을 최고도로 발휘케" 한다고 적시하여, 능력이 교육받을 권리의 제약 조건이 아니라 모든 국민이 발휘할 결과적 행위임을 적시하고 있다.

5.16 쿠데타 후 박정희를 비롯한 국가재건최고회의 최고위원들은 1962년 전면 개정 발의한 〈헌법〉 안에 "능력에 따라"라는 문구를 삽입하였다. 쿠데타 후, 의회제를 대통령제로 바꾸는 전면적인

헌법 개정을 하면서, 교육권 항목에는 '균등하게 교육받을 권리'에 "능력에 따라"라는 구절 하나를 살짝 더해 놨던 것이다. 각종 부정부패와 혼란을 일소하겠다는 명분 아래 등장한 쿠데타 세력은 쿠데타 직후인 1961년 8월에 입학 비리를 없애기 위해 〈중학교·고등학교 및 대학의 입학에 관한 임시조치법〉과 그 시행령을 제정하여 입학 시험을 국가가 주관하는 객관식 시험으로 바꿨다. 이 법은 1964년 4월 폐지되었고, 박정희 정권도 1979년 무너졌지만, 〈헌법〉에는 아직도 '능력에 따라' 균등하게 교육받는다는 조항이 그대로 남아 있다. 부정부패를 일소해야 할 다급한 정치적 필요와 경제 개발을 위한 '인적 자원론'이 대두되던 시절, '똑똑한 놈' 우선 길러 뽑아 쓰자는 생각에 '능력에 따라' 교육받을 권리는 별 저항 없이 도입되었다.* 능력에 따른 교육권은 일본 〈헌법〉 내 교육권 조항과 동일한 것으로 이를 참조했으리라 추정된다.

"능력에 따라 균등하게" 교육받을 권리는 어떻게 읽어야 할까? 〈헌법〉에서 명시한 교육권을 해석하기 위해서는 〈헌법〉 전체가 추구하는 인간관, 사회관, 교육관을 살펴보아야 하고 '교육받을 권리'에 대한 분석도 필요하겠지만** 여기서는 "능력에 따라 균등하게" 교육받을 권리만 다루도록 하겠다. 이 문구를 독해하는 논리적 방

---

* 박정희 정권은 중·고등학교 무시험제와 평준화를 획기적으로 실시하였다는 점에서 보면, 능력에 따른 차별을 법적으로 정당화하면서도 교육 평등을 위한 시도에도 적극적이었음을 알 수 있다.
** 홍석노(2013), 〈교육을 받을 권리의 헌법적 보장〉, 고려대학교 박사 학위 논문.

법은 세 가지로 나눌 수 있다. 첫째는 "능력에 따라"와 "균등하게"를 별개로 보는 방식이다. 이 경우 '균등하게'는 남녀, 지역, 연령, 종교, 빈부 등등의 요소를 차별하지 아니한다는 의미로, 해당 조항은 차별 없이 교육받을 권리라는 한 부분과 능력에 따라서 교육을 받을 권리라는 한 부분으로 구성된다. 그래서 모든 국민이 차별 없이 교육받되, 능력에 따라 받는다는 능력주의 기반 교육권을 밝히는 것으로 해석할 수 있다. 둘째는 "능력에 따라 균등하게"를 하나의 의미 덩이로 읽되, '균등하게'를 능력에 비례해서 차별적으로 교육받을 권리로 보는 해석이다. 예컨대 능력이 높은 사람은 고등교육을 받고 능력이 낮은 사람은 중등교육을 받는 식이다. 셋째도 "능력에 따라 균등하게"를 하나의 의미 덩이로 읽되, '균등하게'를 적극적 보상의 뜻으로 파악하는 방법이다. 능력이 다른데 균등하게 교육받으려고 하면, 능력에 맞춰서 적극적으로 보상을 해 줘야 한다. 초등학교 3학년이 2학년 정도의 수학 실력밖에 가지고 있지 못하다면 개별 보충 수업이나 과제로 3학년 수학 실력까지 끌어올려 주어야 한다.

 1994년 판례에 따르면, "능력에 따라 균등하게 교육을 받을 권리"란 "정신적·육체적 능력 이외의 성별·종교·경제력·사회적 신분 등에 의하여 교육을 받을 기회를 차별하지 않고, 즉 합리적 차별 사유 없이 교육을 받을 권리를 제한하지 아니함과 동시에 국가가 모든 국민에게 균등한 교육을 받게 하고 특히 경제적 약자가 실질적인 평등교육을 받을 수 있도록 적극적 정책을 실현해야 한다는 것이다."* 이 해석은 얼핏 세 번째 독법을 따르는 듯하지만, 정신적·육체적 능력에 따른 차별을 합리적 차별로 정당화하고 있다.

"교육을 받을 권리가 교육 제도를 통하여 충분히 실현될 때 (……) 인간으로서의 존엄과 가치를 가지며, 행복을 추구할 수 있"다는 또 다른 판례에 의거하면,** 법률은 교육받을 권리의 제한을 최소화해야 한다. '능력을 발휘하도록' 개인이 교육받는다면 권리가 되겠지만, 능력에 따라서 차별적으로 교육을 받을 권리가 주어진다면 이는 권리 제한적 측면이 더욱 강하다. "능력에 따라"라는 구절이 자칫 교육받을 권리를 제한하는 조건으로 해석될 소지가 있다면 권리 조항이라기보다 권리 제한 조항이다. "능력에 따라 균등하게"를 적극적으로 해석해서 불평등을 보정해 주는 의미로 적용한다면 "능력에 따라"라는 표현을 삭제하고 "균등하게"라는 용어만으로 충분하다. 〈대한민국 건국 강령〉과 1960년 이전의 〈헌법〉이 그러했듯이. 1962년 개정된 〈헌법〉은 쿠데타 정권에 의해 추진된 탓에 그 자체로 정당성 논쟁이 있는 데다가, 세계 경제 대국이자 민주화 사회가 된 대한민국이 오늘까지도 "능력에 따라"라는 구절을 고수해야 하는지 묻지 않을 수 없다. 사람을 경제 개발을 위한 '인적 자원'으로 보던 낡은 관념을 버리기 위해서라도 "능력에 따라" 교육받을 권리 조문은 개정해야 한다.

---

* 헌법재판소(1994), 앞의 판례집, 177~178쪽.
** 헌법재판소(1991), 〈교육법 제8조의 2에 관한 헌법심판(1991. 2. 11. 90헌가27 헌법재판소 전원재판부)〉,《헌법재판소 판례집》, 3, 18쪽.

이즈음에서 강승규 교수의 제안을 한번 되새겨 볼 만하다.

능력에 따라 균등한 교육을 실시한다고 했을 때는 (……) '사람을 사람으로 보는 안목을 간과'하고 능력과 실력만으로 사람을 차별하는 결과를 초래했다. (……) 독일 헌법에서 모든 국가권력은 인간의 존엄성을 존중하고 보호할 의무가 있으며, 스위스 헌법에서, 교육에서는 인간의 존엄을 존중하며 보호하고 아동 및 청소년은 특별히 온전한 보호를 받고 그 성정 발달을 지원받을 권리를 가지고 아동 및 청소년은 그 판단 능력의 범위 내에서 권리를 행사한다고 명시하고 있다. 문화적 선진국을 만들기 위해서 건전한 민주시민교육을 위해서 참고할 만한 내용이다. (……)

다음과 같이 바꿀 것을 제안한다.

1항 개정안 : 교육 활동에서 인간의 존엄성을 침해할 수 없으며 모든 어린이와 학생은 자신의 생명과 존엄성을 누리며, 자신만의 소질과 재능(빛깔)을 키울 권리를 가진다. 그리고 국가는 모든 어린이와 청소년에게 이를 보장하고 어린이와 청소년은 자신에게 적합한 교육을 받을 수 있도록 적절하게 보호하고 보살펴야 한다.*

---

* 강승규, "헌법의 '교육의 정치적 중립성'과 '능력에 따른 균등교육'의 함정", 〈교수신문〉, 2018년 3월 5일.

능력주의 이데올로기를 넘어서 상상함

학교가 '낙인 발행소' 역할을 멈추고, 모든 이에게 개인으로서 행복, 사회인으로서 역할, 인류로서 보편적 가치를 추구하는 삶을 살도록 안내하는 일, 이 일은 세상 어디서나 미래의 모습일지 모른다. 그러나 미래의 모습은 동시에 현재의 모습이어야 한다. 현재에 의도하지 않고 행동하지 않으면 그 미래는 오지 않기 때문이다.

균등하게 교육받을 권리란 능력을 넘어 모두가 충분히 맘껏 원하는 때에 원하는 곳에서 원하는 교육을 받는 상태를 지향해야 한다. 개인의 능력은 교육권을 더 잘 누리도록 돕기 위해 살펴봐야 할 기초 조건이지 교육권을 차별하는 이유가 되어서는 안 된다. 빈부, 남녀, 지역과 마찬가지로 능력 역시 차별의 이유가 될 수는 없다.

모든 이의 교육받을 권리를 지향한다면 학교를 능력주의의 실험장으로 삼아 지속적으로 시험/평가를 시행하는 곳으로 만들어서도 안 된다. 물론 학교에서 평가가 불필요하다는 것도 아니다. 학습과 교육을 돕는 지원 방식으로서 시험/평가는 필요하다. 이 평가는 학습자에게 적절한 평가의 내용과 방법을 정하고 평가 결과에 대한 피드백을 성실히 수행해야 하는, 꽤나 성가신 교육적 행위이다. 지금껏 학교는 이런 성가신 교육적 평가 대신에 학생을 등급 매기고 분별하는 정치적 평가를 선택해 왔다. 학생부 종합 전형에 대한 교사들의 지지도가 높은 까닭도 여태까지의 정치적 평가를 극복하고 평가의 교육적 목적을 회복하는 기능이 있기 때문이다. 학교에서 하는 평가에 사회적 용도가 있다면, 그것은 듀이가 〈나의 교육 신조〉*에서 밝혔듯이 향후 공동체 일원으로서 개인이 무엇을 잘하고 못하는지 그래서 누구에게 도움을 주고받을지 파악하는 자료로서의 의미뿐이다.

그러나 이 모든 평가에 앞서 우리가 생각해 봐야 할 문제가 있다. 우리 학교와 사회에 시험/평가가 지나치게 많다는 사실이다. 시험/평가를 훨씬 적게 줄이면 학교와 사회는 제 기능을 더 온전히 할 수 있다는 전제 아래, 학교에서 평가의 제자리 찾기를 시도해야 한다. 학교의 교육적 평가를 위해서는 먼저 평가하는 자가 평가의 두려움을 알아야 한다. 인간은 변화 가능한 존재이기 때문에 인간을, 그것도 성장하는 인간을 대상으로 한 평가라면 매 순간 자신이 내린 평가가 적합한지, 무엇을 평가할 수 있는지, 얼마나 세분해서 평가할 수 있는지, 평가 결과를 어떻게 기록할지 그리고 평가 결과에 따른 피드백의 책임은 얼마나 질 수 있는지를 염두에 두어야 한다. 평가 앞에서 학생들만 초조한 게 아니라, 평가자 역시 신중하고 엄격해져야 한다.

두 번째로 학교의 평가 과정을 통해 학생들 스스로 평가 능력을 키울 수 있도록 교육해야 한다. 학생들은 평가받기만 하는 대상이 아니라 평가의 주체이다. 학생들은 본인의 더 나은 성장을 위해 자신이 받게 될 평가의 목적과 방법에 대해 교사들과 공유하고 비

---

* 존 듀이, 이홍우 옮김(2017), 〈나의 교육 신조〉,《민주주의와 교육》, 교육과학사, 516쪽.

판적으로 논의하면서, 평가를 어떻게 하는지 관찰하고 체험하면서 자신의 평가 능력을 키울 수 있다. 스스로 평가 능력이 있어야 본인에 대한 평가는 물론 타인 그리고 단체나 사회에서 이루어지는 무수한 평가에 마냥 휘둘리지 않고 평가를 올바로 판단할 수 있다.

이를 바탕으로 하여, 세 번째로는 평가 참여권을 확보해야 한다. 학생을 평가할 때 평가권이 누구에게 있어야 하는지를 정하는 데, 평가의 목적이나 기준, 시기를 설계하는 데 평가받는 이들의 목소리를 담을 수 있어야 한다. 평가 과정에서 발생할 수 있는 인권 침해나 부당한 압박에 저항하고 합리적 평가의 대안을 제시하면서, 사람들은 건강한 자아 정체를 형성하고 본인의 삶과 사회를 더 나은 쪽으로 이끌게 된다. 이런 평가 능력과 평가 참여권은 부당함에 도전하고 새로운 교육을 만드는 해방적 평가의 성질을 갖는다.* 이같은 평가 참여의 권리는 학교에서뿐만 아니라 사회에서도 실현되어야 한다.

무엇보다 입학 제도와 대학 체제의 전면적 개선책을 모색해야 한다. '정유라 사건', '숙명여고 쌍둥이 사건', '조국 사태', '나경원 자식 사건' 등 수많은 사건들에서 우리의 대학 입학 제도는 어떤 형태로든 가진 자에게 유리한 전형임을 확인했다. 촘촘히 서열화된 대학이 있고 유명 대학 졸업자들이 특권을 누리는 사회에서 대학 입학 전형 방법의 변경으로 교육 불평등 문제를 해결할 수는 없다. 대

---

* 이경숙(2017),《시험국민의 탄생》, 푸른역사.

학 서열화를 완화시킬 방법을 찾되, 정부의 힘이 미치는 국공립 대학 중심으로 적극적으로 새로운 판을 짜야 한다.

교육 문제의 해결은 사회·경제적 불평등 해소와 더불어 가야 한다. 불공정에 항의하는 분노의 목소리가 새삼스러운 현상은 아니다. 일제 강점기에도 경성제국대학 입학 시험의 불공정성에 항의하는 언론 보도가 있었고, 1961년 쿠데타 즈후에도 1993년 김영삼 대통령 집권 초에도 입학 비리에 분노하는 목소리가 있었다. 문제는 불공정에 분노하는 걸 넘어 불평등 해소를 추구하는 것이다. 신경과학자이자 의사인 킴블리 노블은 한 가정의 소득이 아이의 뇌 발달에 영향을 미친다며 저소득층 가정에 소득을 더 보장하는 편이 낫다고 주장하였다. 경제적 불평등은 삶의 모든 영역에 불평등을 낳는다. 가난 속에서도 능력을 한껏 펼치는 일은 전교 꼴찌가 어느 날 갑자기 서울대 의대에 합격하는 것만큼이나 어렵다. 직장 규모와 학벌, 성별, 지역 등 유무형의 암묵적인 기준으로 층층이 차별화된 임금 제도를 교정해서, 전체 사회에서 노동자의 몫을 높이며 소득 불평등을 완화하고 평등한 삶을 보장하는 제도가 필요하다. 더불어 모든 국민에게 기본소득을 보장하여, 혹시 직장을 갖지 않았더라도 인간으로서 죄악은 아니게 해야 한다. 직장을 갖지 않았어도 인간이 할 일은 차고 넘친다. 독립운동가들이 어디 직장을 제대로 가진 적 있었던가. 인간 사회의 변화는 사실상 직장 밖에서 더 많이 만들어져 왔다. 그러려면 우선 단기적으로는 복지의 기반이 바뀌어야 한다. 우리 사회에서 대부분의 복지 정책은 개인별 복지보다 소속 직장별 복지에 가까워서 열악한 직장일수록 복지조차 매우 빈곤하다. 낮은 임금을 받는 사람이라고 그들의 휴식과 임신·육아마저 헐값으로 취급해서는 안 된다.

엉뚱한 상상을 해 본다. 모든 시민들이 공적 활동의 기회를 갖는 것이다.* 누구나 희망한다면 몇 년쯤 공공 기관에 근무하거나 공적 활동에 참여하는 제도를 만들면 어떨까 상상해 본다. 그러면 국가와 사회가 어떻게 돌아가는지 알게 되고 삶에 필요한 정책을 수립하고 집행하는 데 참여하게 될 것이다. 사회 전체의 공공성도 높일 수 있다. 세금 내고 4~5년에 한 번씩 하는 선거로 끝나는 '민주 공화국'이 아니라, 공적 활동에 직접 참여할 기회가 한평생 동안 얼마 동안은 있는 사회, 그래서 모두가 공적 시민이 되고, 공적 시민으로서 기본금과 연금을 받을 수 있는 국가를 상상해 본다. 당장 실현될 리는 없으나 방법이 없지는 않을 것이라 믿는다. 만약 이런 상상이 작동하는 사회라면, 듀이와 파커 파머가 강조했듯이 학교교육은 더욱 중요한 공적 사회 기구가 되어야 한다. 학교교육은 시민교육을 강화하여 다양한 목소리를 듣고 비판하거나 수용할 수 있는 의사소통 능력을 향상시키고 직접 시민으로서 적절한 제도적 제안과 사회적 상상력을 발휘하는 교육 기관으로 만들어야 할 것이다.

---

* 이 부분은 내가 쓴 《시험국민의 탄생》 후기(394~395쪽)를 일부 수정한 것이다.
※ 이 글은 '학력주의 사회사' 심포지엄(2019년 11월 2일)에서 발표하고 《오늘의 교육》 53호(2019년 11·12월)에 게재한 글 〈학교의 배신〉을 대폭 수정한 것이다.

현수는 개인의 능력으로 행복한 삶을 살 수 있을까

정용주
초등 교사, 《오늘의 교육》 편집위원

현수는 학습 부진아이다. 아니, 배움이 느린 학생이다.

3학년 때 학습 부진아의 세계로 들어선 이후, 6학년까지 부진아로서의 학교생활이 계속되었다. 청소 노동자나, 급식 노동자를 '청소 아줌마', '조리 종사원' 등으로 부르던 것을 '여사님'이라는 호칭으로 바꿔 부르는 것처럼, 현수를 부르는 호칭이 '배움이 느린 학생'이라는 그럴듯한 이름으로 바뀌었을 뿐, 학습 부진아로 진단받고 보충 수업을 받는 상황이 계속되었다. 물론 학습 부진 강사의 특별한 지도를 받았지만 해마다 진단은 반복되고 부진은 누적되었다. 이전 학년의 학습 부진을 해결하면서 현재 학년의 학습을 부진 없이 수행하는 것은 매우 어렵다. 그렇기에 교육 정책의 최대 난제가 학습 부진아 정책이지만 진단, 학부모 동의, 강사 지도라는 프로세스만 있다. 학습 부진을 수행하는 양식화된 행위를 반복하는 것을 통해 현수의 부진은 사회적으로 구성되었고 이제 자연스러워 보이게 되었다.

현수의 가방에서는 바퀴벌레가 나온다. 머리에 이가 있는 경우는 있어도 어떻게 그런 일이 있느냐고 묻는 사람이 있을지도 모른다. 그런데 현수의 집을 방문해 보면 의문이 사라진다. 영구 임대 아파트에서 6명의 가족이 함께 살고 있는데, 이곳에 개인적 공간이란 없다. '집은 사적 공간'이라는 말은 현관문을 들어설 때 깨끗이 사라진다. 여러 가지 물건이 뒤섞여 쌓여 있고, 현수의 흔적과 공간을 찾기란 어렵다.

현수의 엄마는 장애가 있는 전업주부다. 더군다나 물건을 모으는 습관이 있어 이런저런 물건이 베란다까지 쌓여 있다. 주기적으로 구청에서 나와 청소를 해 주지만 금세 다시 물건들이 쌓인다. 더 문제인 점은 현수 엄마가 학교와 교육적인 의사소통을 거의 할 수 없다는 것이다. 상담사와 복지사가 부모의 역할에 대해 조언해 주고 도와주지만, 교사는 부모의 협조를 얻기보다는 현수와 직접 소통하는 것이 편하다.

현수는 학교가 끝나면 동네 놀이터와 공원에서 밤늦게까지 논다. 현수의 동생부터 같은 단지에 사는 동생들, 중학교 다니는 형까지 10여 명이 모여 이야기도 나누고 게임을 하며 논다. 이들은 서로를 함께 돌보는 '재난공동체'를 닮았는데 외부로부터 공동체 일원을 보호하기도 하고, 그 안에서 연애를 하기도 한다.

현수는 빈곤이 인위적으로 집중된 곳에 산다. 그래서 태어나면서 낙인을 부여받았고, 낙인을 내면화하면서 살았다. 동네 사람들도 사회적 관계를 축소시키고, 각종 피해 의식으로 점철되어 무기력한 모습을 보이며 살아간다. 동네 사람들이 자발적 배제를 수행하는 것처럼 현수도 축소된 관계망을 확장시킬 여지를 만들지 못하며 살아간다.

자본주의 사회의 분배 규범으로서의 능력주의

현수는 6년 동안 초등학교에 다녔고 앞으로도 중학교, 고등학교까지 적어도 6년 이상 등교를 계속할 것이다. 현수는 학교에 입학하면서 자기 명의로 된 학교생활기록부를 부여받았다. 현수는 이 생활기록부를 자신의 활동과 능력으로 채워 나가는 '개인'이다. 현수의 모든 교육 활동의 결과는 교사를 통해 현수의 능력으로 관찰되고 평가되어 기록된다.

현수가 학교를 통해 근대적 개인으로서 살아갈 수 있는 토대가 마련된 것은 사회적 재화의 분배 기준이 신분에 따른 선점과 세습이 아니라 '개인의 노동, 실행이 중심이 되는 능력'이 되었기 때문이다. 존 로크는 현수와 같은 개인이 외적인 자연 대상에 노동을 가하면, 어떤 대상에 자기 자신의 것을 첨가한 것이고 세계의 부의 총량을 증가시킨 것이므로, 개인은 그 대상에 대한 '배타적 소유권'을 갖는다고 말하며 개인주의와 능력주의를 이론적으로 정당화했다. 이제 다른 개인이 능력에 의해 확보한 소유물에 누구든 개입해서는 안 된다. 그러한 행위는 소유자의 인격에 대한 개입이기 때문이다. 그래서 로크는 배타적 소유권이 작동하지 못하도록 하는 사회 제도에 대해 비판한다. 이후 많은 정치경제학자들은 부가 그것을 만들기 위해 노력(노동)하는 사람들의 수와 노동 생산력에 의존한다고 말하며, 각 개인의 능력을 통해 재화나 지위를 소유하고 보상받는 것을 사회적으로 승인하였다.

그래서 능력주의는 관료제와 함께, 신분에 따른 보상을 분배 원리로 한 봉건제를 대체하는 의미가 있었다. 문제는 능력주의가 애초부터 두 가지 패러독스를 가지고 있었다는 것이다. 첫 번째 패러독스는 근대 자본주의 사회에서 능력주의는 하나의 이념이며 체제 정당화 논리로 작동하면서 사회적 영향을 미쳤지만, 실제로는 정상적으로 능력주의가 실행된 적이 없다는 점이다. 능력에 비례해 보상이 주어진다는 논리는 실제로는 능력에 비례하여 보상이 주어지지 않는 현실, 비능력적 요인이 보상에 작용하는 역할을 은폐하고 축소한다. 두 번째 역설은 능력에 따른 차등적 보상 원리는 사회·경제적 격차가 '정당한 불평등'이라고 간주하게 만든다는 것이다. 그래서 능력주의는 자본주의가 또 다른 방식으로 만들어 낸 계급 질서를 변호하고 유지하는 기능을 한다.

이러한 두 가지 역설로부터 얻을 수 있는 두 가지 교훈이 있다. 하나는 능력주의가 초역사적으로 정당한 분배 규범이 되는 것을 경계해야 한다는 점이다. 또 다른 하나는, 능력주의가 자본주의 사회에서 실제로 관철되진 않더라도 사회적으로 영향력 있는 이념이 되고 있기에, 우리는 자본주의 사회와 능력주의의 긴장 관계를 더욱 더 드러내면서 사회적 제도를 평등하게 재조직해야 한다는 점이다.

능력주의라는 차안대遮眼帶

현수를 비롯하여 모든 학생은 학교 안에서 독립적 개인으로 살아가고 행동해야 한다. 학교 안에서는 적어도 형식적 차원으로는 부모의 소득, 경제력이 학생 개인의 성취에 영향을 미치지 못한다. 학교 안에서 모든 것은 오직 개인의 노력과 능력에 달렸기 때문에 현수는 독립적 개인일 뿐이다. 학교는 개인으로서 노력하면 뭐든지 할 수 있다는 명제를 신앙화한다. '뭐든지 노력만 하면 할 수 있다'와 같은 격언을 지속적으로 듣고 당연한 진리로 받아들이며 개인주의와 능력주의 신화는 강화된다.

이렇게 현수는 초등학교 6년간 개인주의와 개인이 성취한 능력이라는 신화를 무비판적으로 받아들이고 내면화해 왔다. 이제 바퀴벌레가 나오는 가방, 부모의 장애와 빈곤, 사는 동네, 친구들과의 관계, 학습 부진 등은 현수가 개인으로 살지 못하게 하는 사회적 제도의 문제가 아니라 개인의 위생, 능력, 가난함에도 불구하고 노력하지 못하는 태도, 자발적 친구 관계의 문제로 전환된다. 현수가 자유로운 존재로 성장하기 위해 필요한 삶의 역량을 창조할 기회를 사회로부터 보장받아야 할 존재로 자신을 인식한다면, 자신의 문제를 사회 탓으로 돌리고 문제의식을 가질 수도 있다. 하지만 그러는 대신에 현수는 개인으로서 자신의 무능력을 내면화해야 한다.

그런데 현수는 개인으로 태어나 자라고 있는가?

《개인주의 신화 : 우리는 왜 개인이 아닌가》*라는 책은 개인화와 불평등 문제를 다룬다. 저자는 책에서 불평등은 강력한 사회적 힘에 의해 조직된 상호작용 속에 만들어진다는 사실부터 인식해야 한다고 말한다. 따라서 진정한 경쟁은 현수 개인이 아니라 현수가 속한 계층과 다른 계층 간에 벌어지는 것이며, 실직, 범죄, 이혼, 교육 결핍, 좋지 못한 건강 같은 문제가 단순히 개인의 한계나 약점을 반영한다고 결론 내릴 수 없다고 말한다. 이 책의 이야기처럼 개인주의와 능력주의는 실제로 사람들이 개인으로 살아갈 수 없으며 능력보다 비능력적 요인이 영향력을 발휘한다는 것을 은폐한다. 우리 모두는 복잡하게 얽힌 사회적 관계에 의해 만들어진다. 개인은 가족의 힘 그리고 그 가족의 힘을 완화시키지 않는 사회 제도가 가진 힘을 받아들이며 살아야 한다. 사회 제도가 개인의 삶에 구체적

---

* 피터 칼레로, 김민수 옮김(2019),《개인주의 신화 : 우리는 왜 개인이 아닌가》, 황소걸음.

으로 어떻게 영향을 미치는지를 이해하고 그리하여 개인의 힘에는 분명히 한계가 있다는 사실을 인정하지 못하면, 우리 자신과 타인의 삶에 대한 통찰을 얻지 못하게 된다. 이런 현상을 저자는 개인주의와 능력주의라는 차안대blinker*라고 부르며, 불평등, 차별, 빈곤 등 개인이 해결할 수 없는 것을 개인과 개인의 능력 문제로 치환시켜 더 나은 세상으로 나아가지 못하게 한다고 말한다.

능력주의의 문법

학교 안에서 현수가 자기 운명의 주인이 자기가 아니라는 것을 당당히 말하는 데에는 엄청난 용기가 필요하다. 우리 사회가 그런 것을 당당히 말하는 것을 가르쳐 주지 않았기 때문이며, 학교가 능력이 부족한 학생에 대해서 매우 포용적이지 않기 때문이다.

현수가 개인으로서 자신의 능력을 쌓아 가는 삶의 어려움에 대해 이야기하려면 사회학자 마이클 영의 도움을 받을 필요가 있다. 마이클 영은 저작에서 철저하게 지능 지수와 시험 결과, 개인의 능력만을 토대로 운영되는 사회가 어떤 모습일지 상상했다. 처음에는 긍정적이다. 그러나 능력에 따라 위계질서가 잡히면서, 엘리트들이 밑에 있는 사람을 능력이 부족하다는 이유로 억압하고 노골적으로

---

* 말이 옆이나 뒤를 보지 못하게 씌우는 눈가리개.

경멸하는 것이 강화되고, 점차 승자독식과 약육강식의 논리가 지배하는 무자비한 사회로 변질되어 간다. 따라서 완전한 능력주의가 실현된 미래는 암울한 디스토피아일 것이라는 것이 영의 진단이다. 이런 지적은 전근대적 신분과 세습을 '능력'과 '개인'이 대체하는 핵심 원리가 실제 작동하는 데 있어 어떤 문제를 만들어 내는지 점검하는 중요한 계기가 되었다. 영의 탁월한 분석을 토대로 능력주의가 작동하는 문법을 다음과 같이 일반화할 수 있다.

> 어떤 개인이 자신이 노력해 만들어 낸 능력을 가졌다는 이유로 재화(또는 지위)를 보상받는 것은 마땅하다.

이렇게 능력주의가 작동하는 문법을 일반화해 보면 능력주의가 제대로 작동하기 위해서는 전근대적 신분과 세습을 대체하는 사회 제도로서 개인, 개인 자신이 노력해서 만들어 낸 능력 그리고 그러한 능력에 대한 보상으로서 재화(또는 지위)의 배타적 소유권 등이 필요함을 알 수 있다. 문제는 능력주의가 작동하도록 하는 이러한 세 가지 사회 제도가 유기적으로 연결되는 것 같지만, 실은 개인과 개인의 능력, 능력에 대한 보상이라는 제도 사이에는 많은 긴장 관계가 있다는 것이다. 존 롤스를 포함해 로널드 드워킨, 칼 마르크스 등 다양한 학자들이 능력주의가 작동하는 내적 긴장에 대해 비판적으로 검토하며 새로운 정의의 원리, 능력주의가 공정하게 작동하기 위한 전제, 부정의를 생산하는 사회적 재분배 제도에 대해 논의해 왔다.

이러한 논의를 토대로 현수의 학교생활과 관련하여 생각해야 할 문제들이 있다. 첫 번째 문제는 능력주의의 발현을 막는 불평등한 사회 구조에 대한 논의이다. 두 번째 문제는 능력주의가 만들어 내는 불평등한 사회 구조에 대한 논의이다. 그리고 세 번째는 능력주의의 물신성과 능력을 사회적 보상에 연결시키는 문제이다.

능력주의의 발현을 막는 불평등한 사회 구조

타고나거나 우연적인 요인들

첫 번째로, 능력주의의 작동을 막는 불평등한 사회 구조에 대한 논의이다. 현수의 학교생활에서 부족한 것, 아니 가장 결여된 능력은 '부모를 잘 만나지 못한 능력'이다. 여기서 부모를 잘 만나지 못한 능력이라는 표현은 개인의 노력과 능력에 비례하여 보상해 주는 사회 제도로서 능력주의meritocracy와는 맞지 않는 표현이다. 능력주의가 작동하기 위해서는 누구에게도 차별적 특혜를 주지 않고, 모두에게 공평한 기회를 제공하며, 타고난 계층 배경이나 부모의 사회·경제적 지위와 상관없이 오로지 개인의 능력에 따라 보상을 제공해야 한다. 그런데 현수는 근대를 가능하게 한 능력적 요인merit factor으로서 타고난 재능, 능력, 근면 성실, 올바른 태도, 자질 등보다도, 가족의 계층 배경, 부와 특권의 대물림, 가족으로부터 제공되는 우수한 교육의 제공 여부, 행운, 사회적 제도와 같은 비능력적 요인nonmerit factor에 의해 영향을 받고 있기 때문이다. 이렇게 능력이 개인의 성취가 아닌 또 다른 상속이 되고 있는 것이 현수의 현재 모습이고, 이런 의미에서 '부모를 잘 만나지 못한 능력'이 현수의 능력에서 가장 큰 부분을 차지한다. 현수는 《능력주의는 허구다》*라는 책에서 분석하고 있는 것처럼 부모에게서 인생의 출발점을 물려받아 세대 간 릴레이 경주를 하고 있다. 현수에게 능력은 수많은 요인 중 하나에 불과하다. 능력을 능가하는 수많은 비능력적 요인들이 영향을 미치기 때문이다.

롤스는 이미 '각자에게 공헌에 따라' 혹은 '각자에 그의 노력에 따라'라는 정의에 대하여 탁월한 분석을 시도했고, 이는 아마르티아 센과 마사 누스바움에 의해 진전된 논의로 이어졌다. 무엇보다 롤스는 현수의 삶에서처럼 출생과 자연적으로 타고난 혜택 등에서 연유하는 불평등은 마땅하지 않은 불평등undeserved inequality이기 때문에, 다시 말해 능력주의 문법에서처럼 개인의 성취가 아닌 태어나면서 우연히 가지게 된 것이며 자신의 노력으로 획득한 것이 아니기 때문에 시정되어야 한다고 주장한다. 마땅하지 않은 불평등이 재화나 지위 배분의 근거가 될 수 없기 때문이다. 노력을 기울이는 능력조차도 자연적인 운이 가져다준 결과이므로 당연히 가져야 하는 것으로 생각하면 안 된다. 롤스는 이러한 논의를 급진화시켜 자연적 재능을 개인의 소유가 아니라 공동의 자산으로 삼고 공동의

---

* 스티븐 J. 맥나미·로버트 K. 밀러 주니어, 김현정 옮김(2015), 《능력주의는 허구다 : 21세기에 능력주의는 어떻게 오작동되고 있는가》, 사이.

자산이 가져다주는 공동의 이익을 공유하여야 한다고 주장한다. 이 부분은 '능력에 따라 일하고 필요에 따라 분배받는다'라는 마르크스의 공산주의에 대한 생각과 오버랩되기도 한다.

결론적으로 진정한 능력주의가 발현되기 위해서는 기회의 평등한 보장이 전제되어야 한다. 그런데 현실에서는 진정한 능력주의의 실현을 방해하는 사회 구조가 존재한다. 현수와 같이 개인의 능력 형성에 큰 영향을 미치는 부모의 경제적·사회적·문화적 배경이 가족 제도를 통해 상속과 세습으로 이어지는 구조를 사회와 국가가 통제하지 못하면, 오히려 형식적인 기회의 평등은 능력주의의 축소로 이어진다.

현수의 경우 가족에서의 돌봄 부재, 친구 관계, 학교에서의 성취가 음성의 피드백 회로를 만드는 것처럼, 다른 어떤 학생의 경우에는, 스스로 선택하지도 의도하지도 않았지만 우연을 통해, 부모들 간의 친밀한 유대 관계, 이로부터 맺어진 친구 관계, 학교생활의 참여와 성취가 이후의 연속된 성공들이 일어나는 양의 피드백 회로를 만든다. 이러한 차별화된 회로가 작동하면서 기존의 승자는 이후의 경쟁에서도 쉽게 승리할 수 있고 현수는 계속해서 뒤처진다. 로버트 프랭크는 이러한 현상을 네트워크 효과를 통해 승자독식이 초래된다고 분석했는데, 능력주의가 제대로 작동하기 위해 운에 따른 불평등을 완화하고 승자독식을 막기 위해 적극적인 재분배 정책이 필요함을 시사한다.*

---

* 로버트 H. 프랭크, 정태영 옮김(2018), 《실력과 노력으로 성공했다는 당신에게》, 글항아리.

나는 우리가 여기서 더 나아갈 수는 없을지를 고민한다. 능력을 어떠한 방식으로 실현하게 하는가에 따라 그 사회를 살아가는 사람들의 태도와 성격이 형성되기 때문이다. 우리가 차별에 찬성하고, 능력이 부족하다는 이유로 약자에 대한 공격을 멈추지 않는 태도 역시 개인이 성취한 능력과 그 성취에 따른 보상(지위)을 연결하는 사회 제도가 영향을 미친다. 그래서 나는 다시 개인의 성공에 능력이 기여할지라도 그 재능이 천부적인 것이라면 그 천부적 재능을 공동의 자산으로 보고 특정한 조건이 충족될 때만 능력주의의 정당성을 인정할 필요가 있다는 롤스의 주장을 회고한다. 롤스는 이러한 입장에서 능력주의의 정당성을 인정하는 특별한 조건을 기회 균등과 최소 수혜자의 혜택 증대라고 말한다. 최소 수혜자의 혜택 증대란 사회 체제 안에서 가장 불리한 처지에 있는 사람의 혜택이 증대되는 선에서만 불평등이 정당화될 수 있다는 의미이다. 롤스의 생각대로라면, 현수에게는 적극적인 기회 균등을 통한 능력에 따른 보상과 동시에 사회적 연대를 통한 재분배로 최소 수혜자의 혜택 증대가 결합되어야 한다.

시험 문화

능력주의의 발현을 막는 불평등한 사회 구조에 대한 논의에 한 가지 덧붙여야 할 것은 능력주의와 전근대성이 결합한 아시아적 현상으로서 '시험 문화'에 대한 이야기이다. 근대적 자본주의 발전에 토지 제도 개혁이 선행되어야 하듯이, 능력주의에서 신분제의 철폐는 선결 조건이다. 그런데 우리나라를 비롯해 아시아의 많은 나라에서는 전근대적 신분 제도와 이에 따른 직업의 위계가 시민 혁명에 의해 해체되지 않고, 직업 서열에 편입하는 수단이 시험을 통한 선발로 대체되면서 사회 전체가 '시험 사회'가 되는 경향이 심화되었다. 그 영향으로 학교교육에서의 평가 결과는 단순한 교육적 성취를 넘어 학교 밖 위계질서에 편입하는 수단이 되었고, 능력이 부족하다는 이유로 차별받는 것을 당연시하게 되었다.

전근대적 문화와 시험을 통한 선발이 결합된 시험 문화는 능력주의를 평가주의testocracy에 머물게 하며 사람들을 평가에 중독되도록 한다. 단적으로 하루 동안 실시되는 시험으로 인생이 결정되는 종교적 제의와도 같은 대입 시험은 한국 교육의 고질적인 문제를 그대로 드러낸다. 그래서 교육학자들은 이런 모습을 평가에 중독된 사회 또는 평가 집착 국가로 묘사했다. 그들은 입시 문제가 한국의 모든 교육 이슈를 삼켜 버리고, 교육 개혁을 좌절시켜 왔다고 비판했다. 우리나라에서 시험 문화가 낳는 교육적 왜곡은 매우 심각하다. 교육에서 평가는 본래 학생의 성장과 발달이라는 교육 본연의 목적을 위한 것이지만, 학생·학부모들은 시험 성적이 미래의 '기회'라고 굳게 믿고 있기에, 학습 과정보다 시험 결과에 집중하는 모습을 보이게 된다. 과정이야 어떻든 점수만 잘 받으면 된다는 사고가 교육 활동 전반을 지배하게 된다.

유네스코 방콕 사무소는 아시아에서의 공통 현상인 시험 문화를 연구해 2018년, 〈시험 문화 : 아시아 태평양 지역에서 배움의 사회 문화적 영향에 관하여The Culture of Testing : Sociocultural Impacts on Learning in Asia and the Pacific〉 보고서를 발표했다. 이 보고서는 방글라데시, 피지, 인도, 일본, 카자흐스탄, 한국, 필리핀, 통가, 베트남 등을 조사하고 관련 자료를 취합하여 시험의 사회적 의미에 대해 분석하였다. 보고서가 그려 내는 이들 나라의 문화는 한국과 유사하다. 학생들은 경쟁이 치열한 환경에서 공부하면서 많은 스트레스를 받고 있다. 특히 한 번의 시험으로 모든 것이 결정되어 모두가 치열하게 경쟁하는 고부담 시험high-stakes examination에 학생들이 노출되어 있다는 것이 공통적이다. 따라서 학교와 학생들은 복잡한 세계를 탐색하는 데 필요한 실질적·종합적 역량을 계발하는 대신에, 시험에서 높은 점수를 얻으라는 압력을 강하게 받는다. 왜냐하면 이들 나라에서는 학생들과 그 가족들에게 '성공의 척도로서 시험'에 과도하게 의존하도록 하고 있기 때문이다. 보고서에 소개된 '시험 문화'의 또 하나의 특징은 시험 경쟁이 가족 모두가 함께 '올인'하는 하나의 프로젝트가 된다는 것이다. 그러다 보니 '더 좋은 미래를 위한 수단'으로서 시험 점수는 학생들에게 공부를 해야 하는 강력한 동기를 부여하는 동시에 과도한 부담도 안겨 주는 양날의 검이 된다.

무엇이 이렇게 시험 권하는, 시험에 의존하는 사회를 만드는가? 평가는 전 세계 어느 교육과정에나 존재하지만, 이들 국가에서는 그 이상으로 '시험 문화'라는 현상이 나타나고 있다. 시험이 누구에게나 기회가 주어지는, 한정된 자원을 분배하는 도구로 기능하여 그 사회적 영향력이 크기 때문이다. 그래서 사회 구성원들은 시험에 '목숨 걸고' 뛰어들게 된다. 이러한 문화가 기회의 평등이라는 논리로, 다시 말해 '사회적 계층 이동'과 '더 많은 경제적 기회'를 위한 것으로 인식되면서 구성원들은 능력주의 신봉자가 되어 자발적으로 경쟁 대열에 참여한다. 특히 보고서에서는 한국에는 독특한 '교육열education fever'이 형성되어 있다고 서술한다. 그 근원은 근대화 과정에서 교육을 통해 좀 더 상위층으로 올라가려는 강력한 욕망, 즉 교육을 계층 이동의 사다리로 이용하려는 욕망이라고 분석한다. 전근대성과 근대성이 능력주의 안에 공존하는 사례이다.

교육사회학자인 보울즈와 진티스는 민주주의가 정치적 차원을 넘어 경제적 문제로까지 확장되었을 때 비로소 학교교육은 사회적 평등을 육성하고 청소년의 창조적 잠재력이 온전하게 발전하도록 촉진하며, 새로운 세대를 우리 사회의 질서 안으로 통합할 수 있을 것이라고 말했다. 이러한 보울즈와 진티스의 입장은 교육을 교육의 논리로만 바라볼 수 없으며, 정치·사회적 논리와 교육이 모순적으로 결부되는 양상을 파악해야 한다는 것으로 이해할 수 있다. 다시 보고서로 돌아가 보면 아시아의 여러 나라들(일본을 제외한)이 공통적인 '시험 문화'를 갖는 또 다른 요인은 이들 나라가 서구에 의한 강압적 근대화라는 경험을 공유하고 있다는 것이다. 한국을 비롯한 아시아의 자본주의 발전은 선진국들이 장기간에 걸쳐 이룩한 산업화를 빠른 시일 안에 달성하려는 추격 산업화 경로를 선택했다. 이 과정에서 집중적 투자 전략과 엘리트 교육을 선택했고 민주화를 희생시킬 수밖에 없었다. 문제는 정부와 기업만이 아니라 대중들 속에도 자유주의와 능력주의가 결합하여 추격의 심리가 뿌리내렸다는 것이다. 경제 성장 속도보다 더 빠른 속도로 부와 권력을 늘려 가는 부유층을 따라잡으려는 전 사회적 추격전이 벌어졌다. 추격전의 주된 행위자는 처음에는 지배 세력을 포함한 중산층이었고, 중산층이 추격 수단으로 요긴하게 써먹은 입시 경쟁이 성과를 거두면서 온 국민이 이 대열에 뛰어들었다. 이것이 아시아 여러 나라에서의 시험 문화가 매우 유사한 구조를 보이는 이유이다.

결론적으로 아시아의 시험 문화는 빠른 산업화 전략에 따른 엘리트의 양성, 민주주의에 대한 희생 속에서, 근대화가 전근대적 신분의 해체가 아니라 '나도 노력하면 높은 곳으로 올라갈 수 있다는 평등'으로 변형되면서 강력해졌다. 따라서 아시아의 시험 문화는 교육 현상이라기보다는 정치·경제적이며 사회적인 현상이다. 이러한 시험 문화는 사회 상황이 왜곡되면서 형성된 지위 상승의 평등주의이고, 사회 진화론적 관점에서 개인적 적응과 지위 상승 전략을 추구하는 연대 없는 평등주의라고 표현할 수 있다. 특히 이들 나라에서 진행된 불균등한 산업화 과정 속에서 교육을 통한 지위 경쟁의 행위 주체는 개인이 아닌 가족이 되었다. 그래서 물질적 부와 사회적 지위 획득을 둘러싼 격렬한 경쟁에서 승리하기 위하여 가족 수준의 자원 결속과 지원, 동원 체제를 만들었다. 이러한 현상이 구조화된 한국 등의 나라에서는 특별히 '헬리콥터 맘'과 같은 현상으로 대표되는 온 가족이 동원되는 입시 문화가 나타난다. 문제는 이처럼 가족이 동원되는 평가 집착적 시험 문화가 사회적으로 보다 좋은 삶을 위한 연대를 해치고 우리 가족만 잘 살면 된다는 비도덕적 가족주의amoral familism를 만들었다는 것이다. 바로 이것이 아시아의 시험 문화를 특징짓는 가족 교육열이며, 지위 상승을 향한 열병이 국가 차원의 종교 의식처럼 치러지는 이유이다. 요컨대, 신분제적인 직업 위계와 불평등, 능력주의적 교육과 시험이 시험 문화를 초래하는데, 이러한 시험 문화는 오히려 개인의 능력이 아닌 가족의 배경과 자원이 동원되는 양상을 띠게 되며 능력주의의 발현을 저해한다.

능력주의가 만들어 내는 불평등한 사회 구조

다음으로 능력주의 문법에서 검토해야 할 것은, 능력주의의 실현을 방해하는 불평등한 사회 구조에 대한 지적을 넘어서, 능력주의가 적극적으로 관철되고 실현된 결과 불평등, 차별, 사회적 위계가 나타나는 문제이다. 다시 말해 오히려 능력주의가 불평등한 구조를 정당한 것으로 간주하게 한다는 점이다.

한국 사회에서는 특히 능력주의가 적극적으로 실현되고 있으며 현실의 불평등은 능력주의의 결과이므로 정당한 결과라는 믿음이 전체적으로 내면화되어 있다. 그래서 사람들은 연대하여 구조적 해결을 도모하기보다는 적응을 선택하며 적극적인 자기계발 전략을 구사한다. 그 결과 한국 사회에는 개인 능력의 향상을 교육을 통해 추구하는 극단적 자기계발주의와 다양한 선발과 경쟁에서 낙오된 능력이 부족한 사람에 대한 차별과 배제를 정당화하는 극단적 공정 담론이 발달한다. 현실에서 능력주의가 적극적으로 실현되고 있다는 믿음은 현실의 불평등을 정당화하고 강화하는 토대로 작동하면서, '다른 능력을 가진 사람들을 다르게 대하는 것이 공정하다'는 강한 능력주의 신화를 만든다.

현수가 살아갈 세상이 힘겨울 수밖에 없는 이유도 여기에 있다. 기회의 평등을 전제하는 '진정한' 능력주의가 실현되더라도, 그 결과는 새로운 귀족주의, '민주적 불평등'의 심화일 수 있다. 음성 피드백 회로가 강화되는 방향에 있는 현수에게는 더욱 힘겨운 삶이다. 민주적 불평등이란, 사실상 억압이나 특혜에 의한 불평등이 아니라, 누구에게나 열려 있는 공간에서 자신이 능력을 입증하지 못해 얻게 되는 불평등이기 때문이다.

우리는 능력주의가 만들어 내는 불평등한 사회 구조에 대해 어떤 태도를 취할 것인가? 답하기는 쉽지 않다. 앞서 언급한 마이클 영과 같이 능력주의가 새로운 귀족주의를 만들어 내기 때문에 능력주의 자체를 비판할 수도 있을 것이다.

조금 다른 상상력을 발휘해 볼 수 있다. 사회 전체를 시장 원리로 조직하는 시장 사회에서, 시장 원리가 적용되는 영역을 한정 지어 사회 안의 시장으로 전환하는 전략처럼, 능력주의를 '특정한 영역'에 적용되는 원리로 제한하고 다른 영역에서는 다른 보상 원리를 적용하는 방안이다. 정치 이론가이자 철학자인 마이클 왈저가 주장한, 서로 다른 사회적 가치들이 상이한 근거들에 의해 서로 다른 절차를 따라 상이한 주체들에게 분배되는 개념인 '복합적 평등 complex equality'을 중요한 출발점으로 삼을 수 있다. 왈저의 논의에서는 능력주의가 자신의 영역에만 머무르는 한 문제가 되지 않는다. '능력에 따른 보상이 적용되는 영역', '필요에 따른 분배가 이루어지는 영역', '시장을 통한 자유 교환이 이루어지는 영역' 등으로 구분하여, 특정한 영역 안에서만 능력주의가 적용되도록 통제하는 것에 집중하는 것이다. 왈저의 아이디어에 주목한다면, 우리는 능력주의가 제대로 구현되는 것과 동시에 능력주의가 특정 영역에만 머물도록 하는 제도를 상상할 수 있다. 절충적이지만 복합적 평등을 구현하면서 능력주의를 대체하는 새로운 사회적 원리를 상상해 나가는 것이 어떨까 생각해 본다.

능력주의의 물신성과 능력과 사회적 보상의 연결 문제

마지막으로 능력주의 문법에서 검토해야 할 것은 능력주의의 물신성과 능력을 사회적 보상에 연결시키는 문제다. 이 문제는 능력주의에서 핵심이 되는 것으로 모든 것을 능력의 문제로 환원시키는 것과 그에 따른 차별적인 보상의 문제와 연결된다.

세 번째 논의가 앞의 두 논의와 구분되는 것은, 앞의 논의들은 능력주의가 가진 긍정적 의미와 기능을 인정하는 전제를 가지고 있었지만, 이는 능력의 개념과 의미 자체에 대한 문제 제기라는 점이다. 왈저의 주장조차도 능력주의가 적용되는 영역과 그렇지 않은 영역을 구분해야 하고, 적용되는 영역 내에서 '또 다른 보상 원리'를 통한 보충이 필요하다는 제안으로, 능력주의 자체에 근본적인 의문을 던지지는 않았다. 여기서 문제 삼고자 하는 것은 개인이 가진 능력이 어떤 결과의 '유일한' 원천이라는 관념 자체이다. 로크가 모든 사람은 그의 정직한 노동이 그에게 가져다주는 모든 것에 대한 의심할 여지가 없는 권리를 가진다고 말했던 것과 연결되는데, 이러한 주장은 능력주의 자체에 물신성을 부여하게 된다.

마르크스도 이러한 비판을 이어 갔다. 그는 자본에서 상품 형태와 상품의 가치 관계는 상품 사회의 인간의 독특한 산물이라고 말한다. 따라서 각 상품이 지닌 가치 및 교환 가치는 상품에 내재된 물리적 속성, 즉 사용 가치와 연관이 없다. 우리가 상품을 감각적으로 경험하는 방식과 가치는 직접적 연관이 없다는 것이다. 이 점을 무시하고 상품과 그 가치가 인간으로부터 중립적으로 존재한다고 인식하는 것을 마르크스는 '물신성'이라고 명명했다. 문제는 물신성이 노동 생산물이 상품으로 생산되는 순간 달라붙는 것으로서 상품 생산과 불가분하다는 점이다. 다시 말해, 생산자들의 노동과 노동 생산물의 사회적 성격도 교환 속에서야 비로소 나타나게 된다. 그러므로 생산자들에게 사私적 노동의 사회적 관계는, 그들이 노동을 통해 맺는 사람들 간의 직접적 사회적 관계가 아니라, 사람들 간의 물적 관계 또는 물적 존재들 간의 사회적 관계로 나타난다.

이러한 논의를 능력주의와 연결시키면, 어떤 개인이 만들어 낸 성과는 그 사람의 능력에 의해 생산된 것이라는 공통성을 가져야 한다. 그래야 서로 다른 능력을 가진 사람들이 만들어 낸 서로 다른 생산물들이 양적으로 비교될 수 있다. 상이한 능력의 생산물들이 개인의 능력의 산물이라는 공통성으로 환원될 때, 그제야 노동 생산물을 만드는 능력이라는 공통성은 실체를 갖게 된다. 그런데 문제는 상이한 능력의 생산물들은 개개인의 능력이 실행된 결과라기보다는, 사회적 장 속에서 복합적 원천들이 간여한 결과라고 하는 것이 더 정확하다는 점이다. 개인들의 사회적 관계와 사회적 제도의 결과로 그 사람의 능력이 구성되고 생산물이 생산되고 가치가 매겨지는 것이지, 시대를 초월한 개인의 자연적인 능력의 결과가 아닌 것이다. 그러므로 능력 그 자체가 객관적으로 측정 가능하게 개념화될 수 없다.

능력과 사회적 보상 사이의 연결의 문제를 좀 더 구체적으로 살펴보자. 우리가 학교에서 열심히 공부하는 이유는 자기실현을 위해서만은 아니다. 학교 공부는 대학 진학을 통해 보다 높은 지위에 올라가기 위한 사다리 오르기 경쟁의 성격을 갖기 때문이다. 능력과 보상의 비례를 설정하는 능력주의는 사회적으로 고통을 수반하더라도 정당한 것으로 간주된다. 하지만 현수가 고등학교까지 졸업한 이후의 진로를 상상해 보자. 현수는 부모의 도움을 받지 못하며 이 동네에서 꽤 머물러 살 것이다. 현재 상황으로는 현수가 자신의 조건을 딛고 일어서 더 높은 지위로 올라갈 가능성은 많지 않아 보인다. 따라서 현수의 부모의 삶처럼, 사회적 안전망이 부족한 이 사회에서 제2의 '김용균'처럼 살아갈 가능성이 많다. 그럼 현수는 그런 삶을 능력주의가 만들어 낸 정당한 불평등이라고 생각하며 살아가야 할까?

　조형근은 이 질문에 대해 분명하게 말한다. 그는《좌우파 사전》*에서 '업적(능력)주의와 사회적 불평등 : 능력만큼 보상받는 원리'에 대해 정리하면서 능력주의가 "자본주의 사회 내에서 '불가피하고 덜 나쁜 보상의 원리'일 뿐"이며, "좌파의 보상 원리는 업적주의를 넘어서는 곳으로, 사회적 연대의 원리로 나아"가야 한다고 주장한다.

　물론 조형근의 주장에 동의한다고 해도 이러한 주장을 사회적 제도로 구체화하기란 어려운 일이다. 하지만 포기해서는 안 된다. 재화를 어떤 방식으로 나누어 사용할 것인가 하는 문제는 인류가 존재한 이래로 지속되어 온 문제이기 때문에 쉽게 해결될 가능성은 낮지만 우리는 지속적으로 개인의 능력에 따른 보상을 넘어 사회적 연대를 기본으로 하는 제도를 만드는 것을 포기하지 말아야 한다. 어려운 일이지만 인공 지능 발달과 코로나19 팬데믹 등을 경과하면서 보편적 복지 제도의 확대, 기본소득과 참여 소득 등 재화를 나누는 대안적 방식에 대한 논의가 이루어지는 것은 현수의 미래를 생각할 때 고무적인 일이다.

---

* 구갑우 외(2010),《좌우파 사전》, 위즈덤하우스.

무엇보다 현수에게는 인간의 기본권을 보장할 수 있도록 노동과 생존을 분리시키는 방법, 기본소득이 중요하다. 자본주의 사회에서 노동이 신성한 기본권으로 천명된 까닭은 노동을 생존을 위한 소득 획득의 유일한 수단으로 여겼기 때문이다. 그러나 자신의 능력에 따른 일자리를 갖고 그러한 노동이 소득의 유일한 수단이 될 경우 현수에게 존엄한 삶은 보장되기 어렵다. 그래서 '노동'이 아니라 '소득'이 기본권이 되어야 하고, 소득은 노동과 관련 없이 무조건적으로 보장되어야 한다는 기본소득의 원리는 현수의 개인으로서 삶에 매우 중요하다.

물론 자본주의적 생산 관계를 바꾸지 않은 채 기본소득을 통한 재분배만을 강조하는 것은 자본주의를 연명시키는 것일 수 있고, 불평등한 생산 관계를 변혁하지 않은 채 소득 안정을 꾀하는 것과 같은 모순에 빠질 수 있다. 하지만 기본소득의 아이디어가 사회적 제도로 구체화된다면 교육은 더 이상 인간의 존엄과 생존을 물질적 기반을 획득하기 위해 준비하는 과정이 아니라, 인간 존엄의 불가침성을 위한 기본적 시민권의 실현 과정, 삶의 역량을 창조해 나가는 과정이 될 수 있다. '시민'이라는 보편적 자격으로 인해 부여되는 일종의 '사회 배당' 내지는 '시민 배당'으로 기본적이며 보편적인 시민권을 필연적으로 누리게 된다면, 현수에게 학교의 역할도 근본적으로 전환된다. 학교는 이제 진학이 목적이 아니라 모두가 실질적으로 자유롭고 평등한 사회를 경험하는 장이 될 수 있다.

이렇게 되면 어떤 일을 수행하는 과정에서 나타나는 능력에 대한 다차원적 해석이 가능해진다. 마치 사용 가치를 창출하는 노동과 가치를 창출하는 노동이 동일하지 않으며 상품에 내재해 있는 노동의 이중적 성격(사회적 성격과 개별적 성격)을 고려하는 것처럼, 학생의 수행과 어떤 결과를 만들어 내는 능력에서도 다양한 가치를 총체적으로 파악할 수 있게 된다. 현재와 같이 결과물에 얼마만큼 기여했는가를 셈해 보상을 받는 것과는 다른 성격의 가치들이 부상하게 된다. 능력의 다양한 방식과 가치를 주목하게 되면, 끊임없이 스스로 그 자체가 목적이 되는 자유로운 활동으로서의 여러 능력을 인정하는 방식과 가치들을 재정립해 나갈 수 있다.

기본소득의 아이디어와는 다르긴 하지만 현수의 미래와 관련하여 검토해 볼 또 다른 아이디어로 기여소득이 있다. 현수와 같이 동시대 사람들과의 관계와 세대 간의 관계가 점점 단절되고 파편화된 경우, 공동체 구성원들에게 도움이 되는 형태의 활동(보육, 돌봄, 자원봉사, 시민 자치 활동 등)을 통해 현수가 사회에 기여할 수 있도록 하고 그 대가로 기여소득을 주는 것도 검토해 볼 만하다. 이는 현수가 '공적 존재'로 인식되게 하고 사회적 연대를 강화하는 기능도 할 수 있다

학교와 능력주의

학교의 강력한 기능은 개인의 성취에 영향을 미치는 비능력적

요인을 보이지 않게 하여 능력주의를 신뢰하도록 하며, 현재의 불평등을 받아들이게 만드는 '체제 정당화'이다.*

앞에서 살펴본 것처럼, 불평등이 경쟁 등 공정한 절차에 따른 결과처럼 보일 때 사람들은 이를 용인하게 된다. 나아가서는 불평등을 옹호하고 불평등을 없애기 위한 재분배 시도가 공정성을 해쳐서 바람직하지 않다고까지 인식하게 된다. '평등'보다 '공정'을 더 중시하는 것이다.

체제 정당화 믿음 체계belief system가 경제 분야에서 작동하면 사람들은 현재의 자본주의 경제 체제가 공정하다고 믿게 된다. 왜냐하면, 현 체제 내에서 모든 사람은 성공할 수 있는 동등한 기회를 가지고 있고, 따라서 모든 결과물은 개인의 능력merit과 노력effort, 그리고 자격deservingness에 기반한다고 생각하기 때문이다. 이러한 믿음을 가진 체제 정당론자들은 부의 불평등과 빈곤을 공정하고 정당하며 바람직하다고 여기는 경향이 있다(Jost and Hunyady 2003; Jost and Thompson 2000; Goudarzi et al. 2020). (……)

능력주의에 대한 믿음은 사람들이 불평등을 인식하더라도 그것을 더 노력한 사람에게 보상하는 공정한 자원 배분의 과정으로 용인하게 만든다. 이러한 체제 정당화 기제가 작동하면 저소득층에 속한 사

---

* 체제 정당화와 능력주의에 대한 논의는 [김태심(2020), 〈공정한 불평등? : 체제 정당화와 재분배 선호〉, 《평화연구》, 28(1)]를 참고했다.

람들조차 현재의 경제 체제가 공정하다고 믿게 되고, 가난한 자기 자신과 동료집단에 대해 스스로 부정적인 편견을 갖게 되며, 계급 차별에도 둔감해진다(McCoy and Major 2007).*

현수도 12년 동안 학교에 다니면서 능력주의를 내면화하고 불평등을 정당하고 바람직한 것이라 믿게 될 것이다. 결국 현수는 다음과 같이 생각하게 된다.

"대한민국은 가난하다고 해서 나를 배제하지 않았어. 대한민국은 똑똑하지 않은 사람을 배제했지. 나같이 가난한 사람이 똑똑하지도 않다는 것은 안타까운 일이지만 말이야."

---

* 김태심(2020), 앞의 논문, 134~136쪽. 인용문 중 표시된 참고 문헌의 상세한 정보는 다음과 같다.
Jost, John T., and Orsolya Hunyady(2003), The Psychology of System Justification and the Palliative Function of Ideology, *European Review of Social Psychology*, 13, No.1, pp. 111-153; Jost, John T., and Erik P Thompson(2000), Group-Based Dominance and Opposition to Equality as Independent Predictors of Self-Esteem, Ethnocentrism, and Social Policy Attitudes among African Americans and European Americans, *Journal of Experimental Social Psychology*, 36, No.3, pp. 209-232; Goudarzi, Shahrzad, Ruthie Pliskin, John T. Jost, and Eric D. Knowles(2020), Economic System Justification Predicts Muted Emotional Responses to Inequality, *Nature Communications*, 11, No.1, pp. 1-9.
McCoy, Shannon K., and Brenda Major(2007), Priming Meritocracy and the Psychological Justification of Inequality, *Journal of Experimental Social Psychology*, 43, No.3, pp. 341-351.

이 표현은 리처드 리브스의 책에 나온 이야기에서 가져온 것이다. 원래의 이야기는 다음과 같다.

> 전사 계급에 막대한 권위가 부여되는 사회를 생각해 보자. 전사의 일은 굉장히 강한 신체적 능력을 필요로 한다. 과거에는 전사 계급에 부유층 가문 자제만 들어올 수 있었지만 평등주의적 개혁으로 규칙이 달라져 사회의 모든 계급, 모든 계층에서 합당한 경쟁을 통해 전사가 뽑힐 수 있게 되었다. 그랬는데도 여전히 전사들은 거의 대부분 부유층에서 배출된다. 다른 계층 사람들은 너무 가난해서 제대로 먹지 못한 나머지 영양가 있는 음식을 잘 먹고 자랄 수 있었던 사람들보다 신체적 능력이 열등하기 때문이다. (……) 부유층은 이렇게 말할 것이다. "우리는 누구도 '가난하다고 해서' 배제하지 않았다. 우리는 신체적 능력이 약한 사람들을 배제했다. 가난한 사람이 신체도 약하다는 것은 안타까운 일이지만 말이다."*

더 나아가 현수의 비능력적 요인이 교육 문제에서 주변화되면서, 현수는 자신이 불리한 조건 때문이 아니라 능력이 부족해서 부당한 대접을 받는 것이라고 생각하게 된다. 학교는 무형의 상속이 지속적으로 일어나는 시공간이다. 부모의 소득과 자녀의 대학 입학에 상관관계가 있는 것은 물론, 부모의 적극적인 개입과 양육 태도,

---

* 리처드 리브스, 김승진 옮김(2019), 《20 VS 80의 사회》, 민음사, 126쪽.

학교의 질적 차이가 직업과 소득의 차이로 연결된다. 부동산의 상속과 증여와 달리 교육에서는 부모의 살아생전 계속해서 상속과 증여의 과정이 일어난다. 하지만 이러한 비자발적 조건들이 개인을 구조적 덫에 빠지게 하여 능력의 발달을 막고 있단 것은 숨겨지고, 능력의 부족으로 인해 현재의 상황이 초래된 것이라는 결론을 스스로 받아들이도록 한다.

능력주의적 믿음에 의한 체제 정당화가 정교하게 작동하면 사회적 재분배 역시 어려워진다. 능력주의가 곧 불평등의 근본 원인은 아니더라도, 능력주의 담론은 현재의 불평등을 정당화하고, 사람들이 불평등을 억제하기 위한 정치·사회적 조치에 반대하게 만드는 데 일조한다. 오직 개인의 능력 발휘와 경쟁에 의한 사회 이동만이 올바른 방식으로 생각되고, 불평등을 줄이거나 이미 발생한 차별을 시정하기 위한 정치·사회적 개입은 불공정한 것으로 생각된다. 김태심은 〈공정한 불평등? : 체제 정당화와 재분배 선호〉에서 한국인은 전반적으로 능력주의에 대해 강한 믿음을 가졌고, 능력주의적 믿음을 가진 사람들이 재분배를 지지할 가능성도 낮다고 분석한다. 요컨대 능력주의에 대한 강한 믿음은 경쟁에서의 엄밀한 공정성에 대한 요구와 낮은 재분배에 대한 요구로 이어진다. 이러한 경향은 시간이 지날수록 불평등이 더 커지게 만들어 능력주의의 전제인 기회의 평등을 저해하는 역설을 가진다. 결국 현수는 자신의 부모 때보다도 더 깊은 늪에 빠지게 된다.

현수는 개인으로서 살아갈 수 있을까?

셰이머스 라만 칸은 《특권》*에서 우리 사회에서 장벽은 없어졌다기보다는 그 모양이 바뀌었다는 알렉시 드 토크빌의 말을 인용하면서 특권의식entitlement에 대해 이야기한다. 이 책에서는 미국의 한 특권층이 다니는 학교에서 개인주의와 능력주의가 결합된 이상적 교육을 하는 학교를 보여 준다. 저자가 실제로 하고 싶었던 이야기는 빈약한 교육을 받은 장애를 가진 부모와 함께 자라난 현수가 모든 결과에 대해 책임이 있다고 주장하는 건 무리한 일이라는 것이다.

민주적인 사회가 되면서 능력주의가 부상했지만 역설적으로 체계적이고 영속적인 불평등이 강화되었다. 특히 이철승의 표현대로 한 세대에서의 공정한 경쟁이 세대를 거치면서 불평등이 재생산되는 과정, 즉 한 세대의 능력이 다음 세대에는 불평등으로 대물림되는 현상이 발생했다.**

물론 학교가 과거에는 배제했던 이들에게까지 점차 문을 열고, 개방성과 접근성이라는 민주주의 원칙을 수용하고, 교육의 범위를 넓혀 왔다는 것을 부인할 수는 없다. 그럼에도 사회의 불평등 수준 또한 높아졌다. 보다 높은 수준의 개방성이라는 민주적 이상이 소수의 특권층에게만 더 나은 삶으로 전환되고 대부분의 국민들에게

---

* 셰이머스 라만 칸, 강예은 옮김(2019), 《특권》, 후마니타스.
** 이철승(2019), 《불평등의 세대》, 문학과지성사.

는 침체 상태를 안겨 주게 된 것이다.

현수에게 문제는 개인이 아니라 계급이다. 현수의 삶에서 개인이 노력해 만들어 낸 능력을 가졌다는 이유로 재화(지위)를 보상받는 것이 마땅하다는 능력주의의 문법은 총체적으로 부정된다. 현수의 어떤 행위의 결과 또는 능력 중에서 개인이 노력한 부분만을 분리하여 추출하는 것은 현실적으로 불가능하다. 현수에게는 능력의 획득 여부가 그 자신이 통제할 수 있는 것도 아니었다. 마지막으로, 상이한 능력의 생산물들은 사회적 장 속에서 복합적 원천들이 간여한 결과이기 때문에 능력을 객관적으로 측정할 수 없다.

현수에게 현재 대한민국은 재능에 따라 엘리트가 선발되는 제퍼슨식 자연 귀족정natural arstocracy에 지나지 않는다. 능력주의는 자격 없는 엘리트들을 몰아내고 그 자리를 자격 있는 엘리트로 채우는 기제일 뿐이다. 현수에게 '대한민국의 모든 권력은 국민으로부터 나온다'는 〈헌법〉 제1조는 적용되지만, '인간으로서의 존엄과 가치를 가지며, 행복을 추구할 권리를 가진다'는 제10조, 모든 기본권의 종국적 목적이자 기본 이념은 아직 적용되지 못하고 있다. 현수는 개인으로 살 수 없기 때문이다. 능력주의라는 이름으로 특권이 생산되며 계속해서 불평등이 재생산되는 상황에서도 현수는 이 세상이 공정한 세상이라 말해야 한다. 능력주의 아래에서 현수의 무기는 제거되었으며, 불평등을 만들어 낸 책임은 우리 사회의 민주주의적 약속이 저버린 현수가 짊어지게 되었다.

학벌은 끝났는가

채효정
정치학자, 전 학벌없는사회 활동가

군벌 가고 문벌

영화 〈1987〉은 박종철 열사의 죽음에서 시작해서 이한열 열사의 죽음으로 끝난다. 1월부터 6월까지 펼쳐진 한국 현대사의 거대한 드라마는 '대학생이 죽었다'에서 시작된다. 대공분실 취조실에서 학생이 고문으로 숨졌다는 보고를 받고도 경찰 대공수사처장은 아무렇지도 않다. '아새끼 하나' 죽는 게 뭐 그리 대수라고 호들갑이냐 호통을 친다. 그러나 곧 상황이 긴박하게 바뀐다. 그 '아새끼'가 '서울대 학생'이었기 때문이다. 군부는 감당하기 힘든 이중적 저항에 직면할 것이었다. 그들이 죽인 청년이 가난한 집안의 동아줄이면서 동시에 이 나라 상층부를 차지하고 있는 서울대 가문의 일원이었기 때문이다. 이는 민중의 분노와 지식층 부르주아의 분노를 동시에 촉발했고 반군부, 반독재 투쟁의 계급 연대를 급속히 결속해내는 계기가 되었다. '범민주 진영'은 승리했고, 군부는 타도되었다.

그러나 지배의 질서는 해체되지 않았다. 지배 엘리트의 성격이 바뀌었을 뿐이다. 군부 독재 시절에는 육군 사관 학교 출신들이 군벌을 형성했다면, 민주화 시대에는 학벌이 그것을 대체했다. 노태우 정부 이후 들어선 김영삼 정부의 '문민 정부'라는 이름은 새로운 지배 엘리트가 권력의 이동을 어떻게 이해하고 있었는지를 잘 드러낸다. 권력은 노동자 민중으로 이동한 것이 아니었다. '우리가 나라를 구한다'는 애국 충정의 군사 엘리트주의는 '우리가 풍요롭고 민주적인 국가를 건설한다'는 부국강병의 문민 엘리트주의로 바뀌었다. 그런데 이때는 전 세계적으로 냉전 질서가 해체되고 글로벌 자본주의라는 새로운 질서가 구축되기 시작한 시기이기도 했다. 새로운 지배층은 글로벌 자본주의와 신자유주의를 자신들의 이념적 지지 기반으로 삼았고, 권력을 기층 민중과 함께 나눌 생각이 없었다. 일시적으로 만들어졌던 계급 연대는 붕괴되었다. 1987년 이후 잠시 열렸던 정치적 긴장과 혁명기의 여진은 '민주 정부'하에서 빠르게 분쇄되었다. 여기에는 군사적 강제력이 아닌 신자유주의적 문화 통치 기술이 동원되었다. 지배 계급 내부의 경쟁 집단이었던 군벌의 해체는 그동안 억압되어 있던 지배 엘리트 분파들이 세력을 확충하고 재구성하는 계기가 되었다. 군벌 권력에서 벗어나자 재벌과 학벌을 중심으로 경제권력과 정치권력이 재편되었다. 이 과정에서 학벌은 자본과 권력의 자원으로 유용해졌고, 학벌 체제가 심화되었다.

권력 구조가 급변하는 사회 변동기에는 계급 구조 역시 재구성되며 새로운 기회와 지분을 획득하기 위한 계급 간 선점 투쟁이 격렬하게 전개된다. 당시 한국 사회에서는 교육이 그런 계급전쟁의 장이 되었다. 1989년에 나온 영화 〈행복은 성적순이 아니잖아요〉는 그 전쟁의 서막을 알리는 신호였다. 자살한 고등학생의 유서에 적힌 저 항변은 현재 진행형이지만, 이제 청소년 자살은 일상화되어 뉴스에 나오지도 않는다. '대치동'은 그 전쟁터를 상징하는 이름이다. '대치동 교육'은 중간 계급의 계급 상승 욕망을 대변한다. 서울대 출신이 정관계 요직을 독식하는 현상이야 오래전부터 있었지만, 학벌 경쟁이 치열해진 것은 민주화 이후다. 1980년대까지도 대학 진학률은 20%대에 불과했다. 대학 진학률이 낮을 때는 대학생 자체가 특권적 신분이었고, 경쟁도 내부의 경쟁이었다. 그러나 1990년대 이후에는 대입 경쟁이 전 사회적으로 확대되었고, 그 결과 모든 교육과정이 대학 서열 체제에 종속된다. 이 시기에 나타난 교육 경쟁 심화에는 살펴봐야 할 중요한 배경들이 있다.

노태우 정부는 고교 평준화 정책을 무력화하기 위해 '특목고'를 확대했다. 원래 특목고는 인문계 고등학교 중심의 고교 평준화 정책을 적용할 수 없었던 실업계 고등학교의 '특수목적성'을 반영하기 위해 지정된 것이었다. 1986년 개정 〈교육법 시행령〉으로 '특수목적고'에 과학 계열이 포함되면서 경기과학고등학교가 처음 설립되고 이후 과학고 인가가 늘어나면서 특목고의 의미가 완전히 달라졌다. 그것은 이전의 특목고와는 전혀 다른 유형의 '입시 명문고'였다. 1994년 서울과학고 졸업생 전원이 서울대에 입학하는 '사건'을 계기로 지자체들은 경쟁적으로 지역 과학고 설립을 추진했고 전국적으로 과학고가 생겨났다. 고교 평준화를 무력화하는 고교 서열화 정책은 정권이 바뀌어도 계속 이어진다. 1992년에는 외국어고등학교가, 1998년에는 국제고등학교가, 2001년에는 자립형 사립 고등학교가 도입되었다. 물론 이런 고등학교들의 명성을 보증해 준 것은 '명문대 진학률'이었고, 도입 취지에서 표방한 것과 달리 성적 우수자들의 대학 진학 수단으로 전락했다. '대치동 학원가 모델'이 전국에 생겨났고, 대입에 유리한 특목고 입시를 위해 중학생, 초등학생들까지 심야 학원과 과외에 시달리는 교육 파탄이 일어났다. '학벌없는사회' 운동은 여기서 시작되었다.

노동 시장 유연화가 야기한 학벌 경쟁 심화

1994년에는 대학수학능력시험이 도입되면서 '대학별 전형'이 시작되었고, 1995년 5.31 교육 개혁으로 대학 설립 및 운영이 자율화되었다. 대학별 전형은 논술 시장을 열었고, 성적 외에 다른 '능력'을 보겠다는 입시 전형들은 스펙 경쟁을 심화시켰다. 대학 자유화 정책은 기본 요건만 충족하면 누구든 학교 법인을 설립도 하고 소유도 할 수 있는 길을 터 주었다. 대학도 기업처럼 인수, 합병, 매각을 할 수 있게 되어 두산이 중앙대를, 삼성이 성균관대를 인수했고, 교육보다 돈벌이에 목적을 둔 사립대들이 우후죽순 생겨났다. 중등교육은 더욱더 입시에 종속되었고, 고등교육은 시장에 완전 개방되었다. 김영삼 정부의 대학 자유화 정책은 '자유'의 이름으로 사교육 시장의 자유를 활짝 열었고, '자율'의 이름으로 사학 자본의 자율성을 보장해 주었다. 대학 시장화와 기업화의 길이 열린 것이다.

시민사회단체 '학벌없는사회'가 출범했던 1999년은 대학 서열이 촘촘하게 위계화되면서 학벌의 가치도 가파르게 상승한 시기였다. 동시에 이 시기는 노동 가치가 가파르게 하락한 때이기도 하다. 서구에서도 "사회적으로 노동조합이 와해된 것과 때를 같이 해서 교육 프리미엄이 급증"*하는 경향성이 나타났다. 한국에서도 비슷했다. 노동과 자본의 힘 관계는 점점 심하게 자본의 쪽으로 기울어졌고 우파와 좌파의 세력 관계도 마찬가지였다. 그 힘의 기울기가 곧 서열화된 신분 사회의 기울기다. 능력주의는 이 기울어진 운동장을 숨기고 유지하기 위해 필요한 통치술이었다. 그러나 당시 학벌없는사회 운동을 했던 우리는 학벌과 계급의 상관관계 및 학벌의

---

* 매튜 스튜어트, 이승연 옮김(2019), 《부당 세습》, 이음, 58~59쪽.

자본화에 대해서 정확히 인식하지는 못했다. "학벌은 계급이다"라고 선언했지만, 상징적 의미를 벗어나진 못했다. 학벌 가치 상승과 노동 가치 하락을 연결해서 생각하지 못했고, 교육 제도 개혁과 노동 시장 재편이 갖는 관련성도 명확히 인식하지 못했다. 이제 당시의 노동 시장 변화와 학벌 사이의 관계를 좀 더 자세히 살펴보자.

1997년 IMF 사태 이후로 청년 실업률은 가파르게 치솟았다. 노동 유연화 정책과 비정규직 법제화로 인해 노동 조건은 계속 나빠지고 있었다. 2006년에 나온 현대경제연구원 보고서 〈IMF 외환위기 이후 고용형태의 변화와 대응방안〉을 보면 당시 청년 실업률은 '환란 이후' 12%까지 치솟았고, 구직 단념자나 단시간 근무자까지 포함하면 실업자 수가 1백만 명에 육박했으며, 특히 청년층의 체감 실업률은 20%에 달했던 것으로 나타난다. 높은 청년 실업률을 조정하는 방법 중 하나는 고교 졸업자들의 사회 진출을 최대한 늦추는 것이다. 왜 사람들이 주머니는 가벼워지고 가계 지출에 여유가 없는데도 높은 학비를 부담하며 대학 졸업장을 얻고자 하겠는가? 경제 위기에서 고용 조건이 나빠질 때 나타나는 학력 인플레 현상은 보다 안정적인 일자리를 얻기 위한 미래 투자로밖에는 달리 설명할 수 없다. 당장 취업이 안 되는 상황을 유예하면서 취업 경쟁에 좀 더 유리한 스펙 경쟁력을 확보하려는 것이다.

대학 졸업장의 사회적 가치는 떨어졌지만 그것이 경쟁을 둔화시키지는 않았다. 오히려 전체 대학 정원이 늘어나도 명문대는 늘지 않았기에 학벌 경쟁률은 더 높아졌고, '경쟁률'이 높아질수록 가치도 높아지는 착시 효과가 나타났다. 지원자가 많아지면 경쟁률은 당연히 높아진다. 지원 희망은 상층 대학부터 시작되어 그 탈락자들이 상위권에서 하위권으로 차례로 배치되는 구조이기 때문에, 전체 지원자가 많아지면 꼭대기의 경쟁률은 더 치솟고 학벌 가치도 그만큼 더 높아지는 것이다. 마치 주식 시장처럼 투자 수요가 가치를 상승시키는 허수의 경제가 같은 원리로 대학이라는 시장에서도 작동한다. 이 경쟁이 전 사회적으로 진행될수록, 학벌과 대학 졸업장은 전체 사회 구성원 개개인에 대한 능력 지표로서의 보편성을 갖게 된다. 그렇기 때문에 대학의 전반적 가치가 하락할 때, 투자 가치로서 '상종가' 대학의 학벌 가치는 더욱 높아지고, 학력 인플레이션이 그러한 학벌 자본의 가치를 상대적으로 상향시키는 결과를 가져오는 것이다. 즉 무가치한 학벌이 가치 있는 학벌을 지탱시키는 구조다.

이런 학력 자본과 학벌 자본의 가치 변화는 노동 시장 정책과 연동된다. 청년층의 학업기 연장 전략은 실업 관리 측면에서 시장에도 도움이 되며, 따라서 정부도 이를 적극 조장한다. 만약 유예 루트가 없다면 거리로 쏟아져 나올 실업자들을 대학에 묶어 둘 수 있기 때문이다. 2008년 금융 위기 이후 대학원 진학률이 일시적으로 높아지고, 미취업자들을 위한 대학 졸업 유예 제도가 도입되어 수많은 청년 실업자들이 대학에 적을 두고 유예 상태로 지내던 현상도 이와 동일한 원인으로 설명할 수 있다. 대학 설립 자유화 정책에 따라 2000년대 이후 대학 수는 2배 이상 늘어났고, 대학 진학률도 가파르게 상승하여 80%를 넘어섰다. 소수의 선택이었던 대학은 필수 조건이 되었다. 대학 진학률은 2008년 83.3%로 최고치를 기록한다. 금융 위기를 기점으로 감소하고는 있으나 근래 10여 년간 70%대 정도를 유지하고 있다. 떨어졌어도 OECD 가입국 중 부동의 1위를 차지할 정도로 높은 대학 진학률이다. 하지만 이 시기 대학 진학률이 높아진 이유는 국민의 학구열과 교육열이 높아져서가 아니다. 미래에 대한 불안이 높아졌기 때문이다.

대학이 많이 생겼다는 것은 그만큼 고등교육 시장이 확대되었다는 뜻이다. 그것은 분명 비정상적인 확대였다. 1990년대 한국의 대학 보급 정책은 새로운 교육 시장을 탄생시켰다. 우리는 삼성이나 두산 같은 재벌 기업이 대학을 인수하는 것에 대해서는 격렬하게 반발했지만, 대학 증설을 반대하지는 않았다. 심지어 진보적 시민사회 안에서도 대학이 늘어나면 대입 경쟁 완화에 도움이 될 것이라고 말하는 사람들이 있었다. 하지만 늘어난 것은 국공립대가 아니라 사립대였다. 당시에 사람들은 대학 시장화를 캠퍼스에 상업시설이 들어오는 것 정도로 체감하고 이해했지만, 세제 혜택과 각종 정부 지원과 매 학기 외상 없는 등록금 수입이 보장된 대학은 경기 불황에도 끄떡없는 유망한 투자처이자 부동산 사업이며 현금 장사였다. 늘어난 대학은 고등교육의 기회가 아니라 청년 부채와 가계 부채를 확대시켰다. 이 시기 하늘 높이 치솟았던 대학 등록금이 그 증거다. 대학 자율화 덕에 자본은 대학도 마음대로 만들고 운영할 수 있었고, 사립대 등록금도 마음대로 올릴 수 있었다. 대학 등록금은 물가 인상률을 상회하여 2배, 3배, 4배까지 그야말로 '미친 듯이' 치솟아 '미친 등록금'이라 불리며, 2007년, 2012년 대선에서 우파 후보까지 '반값 등록금' 공약을 내놓아야 했을 정도로 심각한 사회적 문제로 대두했다. 그런데 바로 그런 와중에도 대학 진학률은 계속 오르고 있었던 것이다.

교육에서의 경쟁 심화는 노동 시장의 악화와 떼어 놓고 생각할 수 없다. 70% 이상이 대학에 진학하게 되자 '대졸 프리미엄'은 완전히 사라졌다. '대학 졸업장'은 더 이상 지식인의 표시도, 특권의 표시도 아니게 되었다. 대신 '학벌 프리미엄'은 그만큼 더 높아졌다. 상대적으로 고졸자의 고용 조건과 사회적 지위는 이전에 비해 훨씬 강등되었다. 고등교육 시장이라는 새로운 시장으로 자본이 유입되어 대학 시장화가 진행되고, 경제 위기 속에서 취업 예비자들을 대학으로 흡수하여 사회 진출 시점을 유예하고, 이것이 전반적인 학력 인플레를 가져와 과거 고졸 취업자들의 일자리까지 잠식하며 노동 시장 양극화를 촉진하는 흐름은 외환 위기 사태 이후 내내 반복됐다.

이 흐름은 노동 시장에서 자본이 더 싼 값에 노동자를 고용하고 그러면서도 저항을 억제하는 데 유효하게 작용했다. 일자리는 소수의 고임금 안정적 직군과 대다수의 저임금 불안정 직군으로 양극화되었고, 경쟁의 '좁은 문'은 '대학'에서 '취업'으로 연장되었다. 하지만 늘어난 대졸자 수는 곧 고학력자 취업난으로 돌아왔다. 서울의 중상위권 대학 졸업자까지 취업 경쟁이 불안해지자 학벌 가치는 더욱 높아졌다. 한국 사회에서 '청년 담론'이 부상한 것이 바로 이 시점이다. 노동 계급 청년들의 상황이 나빠진 것은 이미 오래전이지만, 이제 '번듯한 대학 나온 청년들'도 갈 곳이 없어졌다. 노동 계급을 파탄시킨 불안정한 노동 시장이 중산층 가족을 직접 위협하게 된 것이다. 중산층 공론장에서 청년 문제와 취업난이 심각한 사회 문제로 거론되기 시작했다. 박근혜 정부에서는 진로교육과 청년 창업론이 교육의 핵심 의제가 된다.

잘못된 판단

2016년, 이런 시점에서 단체 학벌없는사회는 해산을 선언한다. 학벌 사회보다 자본 사회가 더 막강해졌고, 학벌이 더 이상 신분 보장의 수단이나 계층 이동의 사다리가 될 수 없는 시대로 진입했다는 판단이 이유였다.

재생산이 불가능한 삶은 같은 학벌이라는 심리적 연결도 끊어 내 버리고 모두를 파편화하고 있다. 노동 자체가 해체되어 가는 불안은 같은 학벌이라고 밀어주고 끌어주는 아름다운(?) 풍속조차 소멸시켰다. 학벌 사회는 교육에서 비롯하지만 그 본질은 사회 권력의 독점에 있다. 그러나 자본의 독점이 더 지배적인 2016년 지금은 학벌이 권력을 보장하기는커녕 가끔은 학벌조차 실패하고 있다. 학벌과 권력의 연결이 느슨해졌기에 학벌을 가졌다 할지라도 삶의 안정을 유지하기 힘들다.*

한마디로 학벌의 효용과 가치가 떨어졌다는 것이다. 당시 해산 소식을 전하는 기사에는 한 유명 대학 졸업식장에 걸린 이색 현수막이 함께 소개되었다. "연대 나오면 모하냐 백순데…"라고 쓰인 현수막이었다. 1997년 IMF 사태 이후 계속 낮아지던 취업률과 높은 실업률이 명문대생의 목전까지 왔다. 그런데 '연고대'도 불안할 정도면, 그 '아래의' 대학생들의 상황은 어느 정도였을까. 이 불안은 학벌주의를 타파한 것이 아니라 학벌주의의 전환된 양식으로서 능력주의를 강화했다. 학벌없는사회 해산 선언문에 따르면, 취업도 학벌에 따라 입학 성적순으로 하던 시대는 가고 이제는 명문대를 나와도 취직 걱정을 해야 하는 시대가 되었으며, 그런 점에서 학벌 가치가 전반적으로 하락했다고 한다. 경쟁의 중심은 학벌 경쟁에서 취직 경쟁, 생존 경쟁으로 옮겨 갔고, 신분과 자본의 취득에서 학벌이 미치는 영향력이 예전만큼 결정적이지는 않다는 진단이었다. 하지만 앞서 살펴본 것처럼 이 진단은 '자본 강화 - 노동 약화'의 시기에 나타난 '학벌 강화 - 경쟁 심화'의 상관관계를 놓친 것이다. 실상 학벌주의의 내적 논리는 능력주의 담론을 통해 더욱 강하게 재구성되고 있었다.

---

* 이철호(2016), 〈학벌없는사회를 해산하며〉.

운동이 학벌을 해체한 것이 아니라 자본과 시장이 학벌을 해체한 것이지만 어쨌든 학벌은 해체되었으니 학벌없는사회 운동의 목표는 사라졌고 그 시효도 끝났다고 보아야 할까? 이런 사고는 오늘날 혁신주의 담론에서 운동을 청산하는 논리에서도 종종 등장한다. 억압적 국가의 학교교육에 맞서 실천적으로서 대안을 찾고자 했던 대안교육 운동가나 진보 교육감, 진보적 교사들이 지금 공교육의 이념을 해체하고 있는 에듀테크 자본과 손잡고 '미래 교육'이나 '혁신 교육'의 전도사가 되어 앞장서고 있는 것이 대표적인 사례다. 알트스쿨 같은 '개인 맞춤형' 능력 개발 프로그램을 중심으로 설계된 영리형 교육 업체가 진보적으로 포장되어 공교육 안으로 도입되는 것도 마찬가지다. '혁신'의 문법은 이런 식으로 학교를 평등하고 민주적으로 만들고자 했던 학교 민주화 운동과 단절하고 과거의 운동을 종료시키면서 새로운 운동으로 전환시킨다. 평등하고 민주적인 '관계'를 어떻게 만들 것인가의 문제는 '기술적 방법'의 문제로 치환되고, 교육 불평등을 사회적이고 공공적 차원에서 해결하는 대신 시장에서의 선택적 다양성과 선택의 자유를 통해 개인적으로 해결하라고 하며, 기술적 투자나 공학적 설계 등 방법론적 대안으로 달성하려고 한다. 하지만 중요한 것은 방법이 아니라 주체다. 낡은 억압적 제도를 해체하는 것 자체보다 중요한 것은 그것을 '누구의 힘으로' 해체하고, '누구를 위해' 새로운 질서를 수립하는지다. 그것을 고려하지 않는 방법론적 혁신이란 낡은 지옥을 새로운 지옥으로 혁신하는 것에 지나지 않는다. 학벌주의가 능력주의로 대체된 것도 그와 같은 혁신 담론의 패러다임에 포획된 결과다.

학벌 문제는 1990년대 들어서 처음 출현한 것은 아니다. 이는 한국 사회에 오랫동안 내재해 있던 것이기는 했다. 일제 강점기 경성제국대학이 그대로 국립 서울대학교로 이어졌고, 친일 족벌 사학들은 대학을 통해 재산과 사회적 영향력을 유지했으며, 국립대는 모조리 어용에 사립대는 비리 없는 곳이 없을 정도였다. 문제는 1990년대 이후 새로운 양상이 전개되었으며, 그것이 1987년 민주화 이후의 실패와 반동과 관련되어 있다는 점이다. 1987년 투쟁까지 사회 민주화 운동의 주요 거점이었던 대학은 정작 민주화를 이루지 못했다. 오히려 사회 민주화 이후 학생운동은 몰락하기 시작한다. 1991년은 아래로부터의 민중운동이 결정적으로 패배한 분기점이었고, 특히 학생운동은 1996년 '연세대 사태'를 기점으로 궤멸되다시피 했다. 새로운 지배 권력은 대학을 운동의 거점으로 남겨두지 않았다. 한편으로는 학생운동 주체들을 정치권으로 흡수하여 포섭했고, 다른 한편으로는 폭력적으로 진압하여 분쇄시켰다. '민주 정부'가 군부 정권과 달랐던 것은 통치의 기술이었다. 무력 진압으로 밀어붙이는 대신 대학 간 경쟁을 부추기고 대학을 욕망과 소비의 장으로 변화시켜 학생 사회를 소비자 주체성에 기반한 개인들로 재구성했으며, 이런 작업을 통해 대중으로부터 운동을 고립시키는 분리 정책을 사용했다. 1990년대 후반부터 추진된 학부제와 광역 단위 모집은 학생회의 기초 조직을 무력화했고, 2004년 서울대에서 처음 도입된 상대 평가제는 전국 대학으로 전파되어 학생 간 학점 경쟁을 부추겼다. 학생들은 상대 평가제로, 교수들은 성과 연봉제로 성적 경쟁과 인사 경쟁에 내몰렸다. 교육운동 진영과 학생운동 진영은 이러한 대학 현장의 변화를 제대로 인식하고 대처하지 못했다.

군사 정권하에서 민심 회유용으로 추진되었던 고교 평준화나 과외 금지 조치 등 형식적 평등주의까지 마치 독재의 잔재처럼 함께 청산된 곳에 신자유주의적 경쟁 논리까지 들어오자 교육 현장은 그야말로 각자도생의 지옥으로 변해 갔다. 1997년의 경제 위기는 무슨 일이 터진 것인지도 모르는 채 당한 일이었다. 정신을 차리고 보니, 대학도, 초·중등 학교도 모든 것이 엉망이 되어 있었다. 학벌없는사회는 그런 대학에서 해고된 교수와 비판적인 지식인, 대학원생과 대학생, 초·중등교육 현장에서 절망하고 있던 교사, 경쟁에 파괴당하는 교육을 더 이상 두고 볼 수 없다는 시민들이 모여서 만든 단체였다. 이후 2000년대 교육운동에서, 초·중등교육 현장에서 평등 교육과 학교 민주화를 위한 투쟁을 전개한 전교조 운동과 함께, 학벌없는사회는 학벌 철폐와 대학 평준화를 내걸고 고등교육 개혁운동의 한 축을 담당했다. 하지만 1990년대 말의 상황에서 시작된 학벌없는사회 운동은 이후의 자본주의 체제 재편 과정에서 이루어진 급격한 사회 변동과 계급 구조 및 대학 구조의 변화를 제대로 읽어 내지 못했다. 그것은 시대적 한계이기도 했지만 우리들 자신의 중간 계급적 한계이기도 했다.

학벌없는사회 초기에 단체 멤버들이 항상 스스로를 규정한 말이 있다. '자유로운 개인들의 연합'이라는 것이다. 지금 돌이켜 보면 급진적 아나키즘과 자유주의적인 성향이 운동 초기부터 공존하고 있었다. 학벌주의를 집단주의, 전체주의, 파벌주의와 유사한 형태로 보았기 때문에 그에 대한 거부감이 컸지만, 공동체 문화에 대한 자유주의적 거부감도 있었다. 당시 학벌주의는 혈연, 지연, 학연과 유사한 전근대적 집단주의로 생각되었고, 정실주의, 연고주의, 파벌주의, 패거리 문화 등의 폐해로 인식되었다. 이러한 인식은 해산 선언문에서도 여전히 나타난다.

학벌 패거리 문화가 존재하지만 이는 심리적 위안일 뿐 실제적인 통로로 작동하지 않는다. 학벌이 실질적으로 기능하기 위해서는 패거리 집단이 형성이 되어야 하며, 무차별적으로 다른 이를 배제하고 같은 학벌에 유대적인 정서를 가져야 한다. 필요할 때 쓰고 버리는 일회용 시대, 공동체성 자체가 소멸되는 사회에서는 집단성을 가지는 것이 오히려 경이롭다.*

학벌없는사회 운동은 학벌이 전근대적이고 봉건주의적인 문벌 시스템과 유사하다고 보았기 때문에 학벌과 패거리 문화를 사회적 합리화와 합리적 개인주의를 통해 극복하고자 했다. 그래서 연고주

---

* 이철호(2016), 앞의 글.

의, 정실주의, 파벌주의에 대한 대응 논리로 개인주의, 합리주의, 능력주의를 강조했다. 하지만 '동문'으로서의 '학연'이 다 '학벌'로 전환될 수 있는 것은 아니다. 당시 IMF 사태 이후의 한국 사회는 좋은 의미로든 나쁜 의미로든 모든 공동체적 관계와 사적 친분과 연결을 통한 사회 안전망이 다 무너지고 각자도생의 개인주의가 새로운 사회 윤리로 구축되고 있던 시기였다. 가족, 친구, 이웃 관계가 다 무너지고, 개인이 믿을 수 있는 것은 오직 자기, 자신의 능력밖에 없는 시대가 도래했던 것이다.

그런 시대가 왔음에도 학벌없는사회는 '학벌이 아니라 능력에 따라' 살아갈 수 있는 사회를 말하곤 했다. 우리가 꿈꾼 것은 학벌로 사람을 차별하지 않는 '건강한 시민사회'였고, 학벌이 아니라 능력으로 대접받는 것이 공평하다 생각했다. 이런 화법은 결과적으로 능력주의 이데올로기를 정당화하는 데 기여한 측면이 분명 있다.

학벌주의는 능력주의에 의해 패퇴될 것이 아니라 민주주의와 평등주의에 의해 무너졌어야 했다. 능력주의는 민주교육·평등교육의 이념에 명백히 반하는 것이었음에도, 능력주의가 학벌주의의 반대에 있는 것처럼 보이게 한 점은 우리의 한계였고 오류였다. 당시에도 '스펙'이라고 불리는 사회 현상은 문제가 되고 있었고, 성적 경쟁이 스펙 경쟁으로 변질된 것을 비판했지만, 그것이 총체적인 사회 통치의 이데올로기가 되어 위력을 발휘하게 될 줄 예상하지 못했다. 2016년 해산까지 학벌없는사회의 경험은 민주화 이후 한국 사회의 신자유주의 체제로의 재편 과정에서 시민사회의 투쟁과 패배, 한계와 오류의 경험을 고스란히 보여 주는 것이기도 하다.

노동의 해체와 능력자 계급의 등장

물론 당시 학벌없는사회에서 이야기했던 '능력'의 개념은 지금 능력주의meritocracy에서 말하는 개념과는 다르다. 그것은 '능력에 따라 일하고, 필요에 따라 분배받는다'는 공산주의적 이념에서의 능력에 가깝다. 그러면 지금 능력주의가 말하는 능력은 무엇인가? 학벌이 권력과 자본으로 교환되듯이, 능력주의의 능력도 권력이나 자본으로 교환될 수 있는 능력이다. 이때 능력은 탁월함을 의미하며, 특히 양화될 수 있고 입증 가능한 개인의 탁월함을 의미한다. 그래서 능력주의는 현대의 정치신학이 된다. 지배의 정당성이 왕정에서는 신으로부터 나오고 귀족정에서는 혈통에서 나오는 반면 근대국가에서는 인민으로부터 나온다면, 능력주의는 지배의 정당성을 개인의 능력으로부터 추출하여 지배의 자격을 인민이 아니라 개인으로 이동한다. 이로써 능력주의는 다시 소수의 지배oligarchy, 탁월한 자의 지배aristocracy로 돌아간다. 비록 신분과 혈통에 반하는 것처럼 보이고, '공정성'을 통해 평등을 가장하지만, 능력주의는 기본적으로 엘리트주의에 기반한 귀족정의 원리다.

능력주의의 추동자는 누구였을까? 그것은 극우 보수 세력이 아니었다. 경제 위기를 통한 사회 변동기에 권력 지분을 획득하고 능력으로부터 가치를 생산하는 방법을 고안한 이들은 대체로 '민주시민'이라 불리는, 독재에는 반대하나 시장 질서를 옹호하는 합리적 보수와 자유주의적 진보를 아우르는 중상층 계급이었다. 시장이 능력 경쟁으로 가게 되면 계급 재생산에 많은 비용과 노력이 든다. 이들은 크지 않은 자산으로 변동기의 위험 투자를 자녀 교육에 '올인'했다. 최상층 계급과 달리 자산의 한계가 있는 중간 계급이 사다리를 한 칸 더 올라가 안정적인 지위를 차지하려면 가진 것을 모두 걸어야 한다. 이 중간 계급의 세대 투자에서 가장 유리한 자본은 학력 자본과 같은 지식 기반의 자본이다. 대학 입시 제도의 변형 과정은 이들의 계급 재생산에 유리하게 작용했다. 입시 전형이 다양화되고 복잡해질수록 정보력의 편차는 그대로 계급 간 불평등으로 연결된다. 입시의 성공 조건이 '할아버지의 재력과 엄마의 정보력'이라는 말은 당시 사교육비가 중산층 가계의 임금 소득 내에서도 가능하지 않았으며 입시에 전문적인 관리와 체계적 준비가 요구되었음을 시사한다. 이는 가난한 노동 계급의 자식들은 경쟁 자체에서 탈락할 수밖에 없는 구조였다.

    IMF 체제가 기존의 가족 관계와 공동체 관계를 모두 해체해 나갔다고 했지만, 이런 현상이 모든 계급에서 똑같이 나타난 것은 아니었다. 가난한 사람들의 가족과 공동체 관계는 제일 먼저 해체되고 파괴되었지만 상류층의 가족주의는 더욱 공고해졌다. 중산층 가족은 지위 세습과 계급 유지를 위한 가족 경영체로 변모했다. "부르주아 가정은 계급이 저절로 이어지겠거니 생각하며 마음 놓고 지낼 수 없다. 그들은 사회적 노력을 맹렬하게 들여야 하고, 그렇지 못한다면 다음 세대의 퇴락이라는 매우 현실적인 위험에 맞닥뜨려야 한다."* 자녀 교육은 가족 전체의 미래를 위한 중요한 투자 행위이자 가족 공동의 사업이 되었다. 상승과 하강의 기로에 선 중간 계급은 학벌 경쟁의 가장 치열한 참가자였다. 교육비와 부동산 가격도 밀접한 관련이 있다. 대치동, 목동, 월계동으로 확산되는 학원가 사교육의 주소비층이 이들이었고, 입시 특구로 불리는 강남 3구의 아파트 값을 올린 장본인도 이들이었다. 자산 규모가 크지 않은 중간 계급은 막대한 교육비를 감당해야 했기에 현금 자산 손실을 지대 수입으로 상쇄하려고 했다. 미래 자금을 인출해 자녀 교육이라는 가족 사업에 투자하고 있기 때문에, 펀드와 아파트가 투자 손실을 막아 줄 상환 예비금이 되어야 했다. 학벌과 부동산은 중상층의 계급 재생산의 주요 기반이다. 다시 말해 주식 시장과 부동산 경기 하락은 이 계급에겐 대재앙이다.

경제 상황은 계속 나빠졌고 중상층의 실질 소득도 감소하기 시작한다. 학벌없는사회가 해산 선언을 했던 즈음에는 중간 계급에서 상승의 욕망보다 하강의 공포가 더 커졌다. 찰스 틸리에 따르면 집단 간 불평등을 영속화하는 두 가지 방법이 있는데, 그것은 착취와 기회 사재기다. 전자가 뺏기라면 후자는 지키기에 해당한다. "가

---

* 리처드 리브스, 김승진 옮김(2019), 《20 VS 80의 사회》, 민음사, 78쪽.

치 있고, 재생 가능하고, 독점하기 쉽고, 네트워크에 도움이 되고, 그 네트워크의 작동 방식에 의해 강화되는 종류의 자원에 더 잘 접근할 수" 있는 집단들은 "자신들이 그런 자원에 대해 계속 통제력을 가질 수 있게 해 주는 신화와 제도들을 만들고 접근권을 사재기함으로써 다른 이들이 그 자원을 누리지 못하게 막는다"는 것이다.*
현재의 계급 위치를 지키려면 결국 지금과 같은 불평등 체제를 유지해야 한다. 모든 것을 다 잃어버린 사람들에겐 사회의 전면적인 변화가 희망이 되지만 지킬 것이 있는 사람들에겐 급격한 변화는 불안의 요인일 뿐이다. 그렇기 때문에 지금의 시장 질서와 자유 민주주의 체제 위에서 일정한 기득권과 지분을 갖고 있는 '범민주 시민'이라 불리는 계급이 현재의 질서가 유지되기를 가장 강력히 갈망하는 것이며, 그 임무를 수행할 정권을 중심으로 가족주의적으로 결속하여 체제 변화에 저항하고 있는 것이다. 무엇보다 이들은 자신의 지위가 전적으로 자신의 실력 덕분이라고 믿으며, 이 믿음을 다른 계급들에게 주입시킨다. 이 믿음은 기득권을 세습한 보수 기득권층보다 자력(?)으로 취득한 자유주의 진보 기득권층에서 더 강하다. 능력주의는 고소득 전문직의 '강남 좌파'나 능력 있는 '민주 시민'들이 추종하는 자기 신앙이 된다. 이들은 인종 차별과 성차별 등에는 민감성을 보이지만 능력 차별과 계급 차별은 잘 인식하지 못하거나 회피한다. 능력주의 신화가 계급 차별을 가려 주기 때

---

* 리처드 리브스(2019), 앞의 책, 152쪽.

문이다. 능력주의는 상층부의 인종 차별이나 성차별은 완화한다. 하지만 계급의 진입 장벽은 더 높아진다.

지배자들이 평등을 깨트리고 서열화를 추구하는 이유는 소수가 다수를 지배하는 데 서열화가 필수적이기 때문이다. 평등은 인민을 다수로서 단결하게 한다. 서열화는 피지배 계급 서로가 서로를 착취하도록 만든다. 자기 위의 사람은 복종하고 동경하며, 자기 아래의 사람에 대해서는 군림하고 무시한다. 위계는 지배자로부터 받은 차별과 멸시를 힘을 합쳐 되갚는 대신 아래로 향하도록 만든다. 나는 저 사람보다는 못하지만 너보다는 낫다는 것이 사회적 심리의 기저를 이룰 때 지배자들은 손쉽게 전체를 다스릴 수 있다. 지배자에게 두려운 것은 사다리를 오르려는 상승의 욕망을 가진 이들이 아니라 평평해지려는 사람들이다. 저들보다 못하지만 이들보다는 낫다는 것은 중간 계급의 심리다. 부르디외는 《구별짓기》에서 중간 계급에 대해 '상류층에 대해서는 도덕적 우월감과 문화적 열등감을 가치고 하층 계급에 대해서는 도덕적 열등감과 문화적 우월감을 갖는 집단'이라고 말한 적이 있다. 중간 계급에게 이 쌍방의 열등감으로부터의 출구가 되어 주는 것이 '지적 우월감'이다. 지식 자본은 그 누구보다 중간 계급에게 가장 중요한 자본이다.

조국 사태는 중상층의 계급 세습에서 학벌이 여전히 중요하고 독점적인 가치를 지니는 자본임을 보여 주었다. 2020년 5월에는 미국에서 뇌물 액수가 무려 650만 달러에 달하는 스탠퍼드대 부정 입학을 포함하여 뇌물액 규모가 2500만 달러, 연루자가 33명에 이르는 초대형 대학 입시 비리 사건이 터졌다. 자본과 학벌의 결합이 계급 재생산 및 지배 권력의 강화에서 필수적임을 보여 준 사건이었다. 지식 정보 사회의 도래와 함께, '학벌 자본'은 중간 계급에게 가장 유리하고 이상적인 형태의 권력 획득 수단이 되었다.

    지식과 금융의 결합은 글로벌 자본주의와 관련이 있다. 과거에는 기업이 자기 회사의 노동자들만 관리하면 되었다면 초국적 기업의 등장과 전 세계적 금융화는 초국적 관리 계급을 필요로 한다. 세금을 회피하고 노동법과 국제법의 빈틈을 이용해 돈을 벌어들이기 위해선 법조인과 자문 그룹이 필요하고, 정책 로비와 입법을 위해선 각 나라의 친기업·친정부적 민간 조직과 학계·언론계 네트워크가 필요하다. 기업의 노무 관리 기술은 사회 관리 기술로 확장되고 전 사회가 기업형 사회로 전환된다. 여기서 '관리 계급'이 출현한다. 뒤메닐과 레비는 이런 관리 계급이 새로운 지배 대리인 성격을 갖는 중간 계급 통치자를 구성한다고 분석한다.* 여기서 중간 계급의 양극화와 상층으로 흡수된 관리 계급의 권력화, 자본화가 나타난다.

    거대 자본은 과거처럼 관료(정경 유착)와 학자(어용학자)들을 동원하여 일국 단위의 통치에 영향력을 미치는 것으로는 제국을 통치할 수 없다. 따라서 관리 체계를 재편할 필요성과 관리 계급에 대한 포섭이 중요해진다. 최소한의 관리자로 사회 전체 구성원을 통제

---

* 제라르 뒤메닐·도미니크 레비, 김덕민·김성환 옮김(2016), 《거대한 분기》, 나름북스; 제라르 뒤메닐·도미니크 레비, 김덕민 옮김(2014), 《신자유주의의 위기》, 후마니타스.

하고 관리하는 데 가장 유용한 수단은 지식과 정보를 생산하는 집단을 장악하는 것이다. 자본은 이 관리자들을 통치함으로써 사회 전체를 통치할 수 있게 된다. 최소의 자본으로 기업 지배 구조 전체를 장악하는 기술을 사회 통치에 적용한 것이다. 이 관리자 계급의 지배 정당화 논리가 '능력주의'다. 관리 계급은 한마디로 '능력자 계급'이라고 할 수 있다. 오늘날 성공 신화의 대부분은 이 능력자의 탄생 서사다. 마크 저커버그처럼 성공한 IT 창업가는 '능력'에 의해 대자본가로 상승할 수 있는 로또 당첨보다 어려운 가능성을 보여 주는 실제 사례가 된다. '능력자 계급'은 문화 계급, 지식 계급으로 불리는 신엘리트층을 구성하며 '전문가들이 지배하는 사회'를 만들어 낸다.

새로운 관리 계급은 주로 고소득 전문 직종 임금 소득자이면서 동시에 금융 자산가들로, 소자영업자나 농장 경영주 같은 프티 부르주아의 고전적 직업군들을 대체해 나갔다. 시애틀의 창업가와 실리콘 밸리의 기술자들은 어지간한 기업체 사장보다 연봉이 더 높고, 주식이나 채권 등 금융 자산으로 인센티브를 받는 것을 좋아한다. 그들은 고액 임금 노동자이면서 동시에 유휴 자산으로 투자하는 투자자이다. 반면에 중간 계급 하층은 빠르게 몰락한다. 기존의 월급쟁이라 불리던 책상 노동자들은 정리 해고와 명예퇴직으로 창업 시장에 나와 기존의 자영업자들과 경쟁한다. '사장님'이라 불리면서도 실제로는 프랜차이즈 대기업의 수익만 불려 주는 점포 관리자로 전락하는 신세가 되며 과잉 경쟁은 다시 동반 몰락을 불러

온다. 창업 시장에서도 '능력자'만이 살아남는다.

학벌 가치의 양극화는 이 중간 계급의 양극화와 관련된다. 중간 계급의 양극화는 전 세계적인 현상으로 나타나고 있다. 양극화의 상층을 차지하고 자본가 계급과 내적 이해관계 일치를 이룬 집단은 형식상의 임노동자라도 자산 소유 투자자로서 금융 자본가이기도 하다. 그러나 양극화의 아래쪽에서는 몰락한 중간 계급이 불안정 비정규직 임노동자와 다를 바 없는 처지의 영세 자영업자, 소상인으로 유입된다. 전자는 노동을 하면서 동시에 금융 자산의 투자를 통해 소득과 재산을 계속 불려 나가지만, 후자의 노동은 자기 착취적이며 그들은 노동하면 할수록 부채의 늪으로 빠져들어 소득과 재산이 줄어든다.

이처럼 지식 자본주의 시대에는 지식이 환금성을 갖게 되면서 학벌은 정규직 고소득 전문직종으로 진입하는 중요한 수단이 된다. 학벌은 능력주의 사회의 신분증이나 마찬가지이기 때문이다. 과거와 달라진 점은 학벌이 '빼앗기'보다 '지키기'를 위한 방어적 수단이 되었다는 점이다. 상승의 욕망보다 하강의 공포가 더 커진 상황에서 학벌이 사다리를 오르는 수단이 아니라 사다리를 걷어차는 수단이 된 것이다. 학벌없는사회 해산 당시 엄기호는 대학 서열에서 하층부는 붕괴하고 있지만 상층의 학벌 구조는 더욱 배타적이고 독점적으로 권력화하고 있다고 지적했다.* 이전 시기 학벌 경쟁의

---

* 엄기호, 〈과연 학벌은 끝났는가〉, 《시사IN》, 제452호, 2016년 5월 14일.

추동력이 한 계단 더 오르려는 상승의 욕망이었다면, 지금은 절벽에서 떨어지지 않으려는 하강의 공포가 경쟁의 동력이다.

평가 권력과 역량 개발 담론

이처럼 신자유주의적 통치 이데올로기이자 중간 계급의 계급 재생산 원리로서 능력주의는 '금융 자본주의'와 밀접히 연결된다. '능력대로 일하고 능력대로 번다'는 것은 월가$^{Wall\ Street}$에서 탄생한 원칙이다. 이때의 능력이란 장인적 숙련이나 기예, 인격적 탁월함과는 아무런 상관도 없는 순수한 '개인의 능력'을 말한다. 이 능력은 공동체적 협업이나 공유 역량과는 분리되어 있고, 시간과 공간 및 사회적 관계로부터 이탈해 있다. 영화 〈빅쇼트〉나 〈국가부도의 날〉에 나오는 금융사의 '반사회적' 투자 컨설턴트가 전형적으로 바로 그런 유형의 인간이다. 타인의 불행에 베팅해서 돈을 버는 '손실 투자' 같은 행위는 사이코패스적 행동 양식이지만 금융업계에서는 그것을 혁신이요 능력이라 부른다.

'투자하는 인간'의 탄생을 다룬 《호모 인베스투스 : 투자하는 인간, 신자유주의와 월스트리트의 인류학》*은 1980년대 미국에서 일

---

* 캐런 호, 유강은 옮김(2013), 《호모 인베스투스 : 투자하는 인간, 신자유주의와 월스트리트의 인류학》, 이매진.

어난 기업 인수 운동이 어떻게 이런 '사이코패스 능력자'들을 대거 양산했는지 설명한다. 기업을 사고파는 금융 투자사의 인수 합병 전문가들은 1980년대 이전 미국 기업들의 '아둔한' 습관과 월가 투자 은행 직원들의 '똑똑한' 능력주의 체제를 대조하며 후자의 우월성을 '성과'로 증명한다. 월가는 '똑똑한 사람만이 살아남는다'라는 사회 우생학과 적자생존의 사회 진화론을 입증하는 인종주의의 산실이었다. 한국에서는 IMF 사태 이후 부실 기업 처리를 위해 들어온 외국계 평가 회사들에 의해 이런 논리가 본격적으로 도입되었다. 한보나 대우 같은 재벌 기업이 정실주의 경영의 대표적 사례로 꼽혔고 경영자들의 무능과 타락, 방만한 경영이 비판을 받았다. 이런 회사를 분할 매각할 때마다 '경영 합리화' 논리가 제시되었고, 소유와 경영을 분리하는 '전문 CEO 체제'가 부상했으며, 생소했던 '전문 경영인'이라는 개념은 기업의 족벌 지배 구조를 청산할 수 있는 수단처럼 보였다. '전문가의 경영'이란 '능력자의 지배'를 합리적으로 정당화했다.

'능력자 우대' 원칙은 경영진에게만 적용된 것이 아니다. 능력대로 벌어 가는 월가의 능력주의는 각 분야에서 성과급 제도로 도입되었다. 이것은 기존의 임금 체제를 해체하여 노동조합의 단체 협상력을 무력화하였고, 임금 결정을 노동과 자본 간의 정치적 결정이 아니라 개인과 법인(회사) 간의 사적 계약으로 전환시켰다. 이런 과정에서 '노동 가치'에 대한 사회적 평가와 노동 위계화가 다시 이루어졌다. 펀드 매니저나 투자 컨설턴트들은 예전의 '월급쟁이'은

행원들은 상상도 할 수 없는 고액 임금과 높은 성공 보수를 받았다. IT업계 개발자들과 창업가들도 고소득자 자리에 올라섰다. 자유무역 체제에서 국가 간, 기업 간 분쟁이 늘어나고 법률 시장도 글로벌하게 확대되자 법률 회사들과 변호사들의 수입도 늘어났다. 기업은 법률 회사와 상시 법률 자문 계약을 맺었고, 의뢰인의 수임 규모가 이전과 비교할 수 없는 단위로 커지자 로펌 형태의 '기업형 법률 자문 회사'가 생겨났다. 돈과 법과 권력이 한 몸이 되었다. 이 과정에서 '능력'의 의미가 변화했다. 능력은 결과에 의해 입증되고 성과에 따라 평가받는 것이 되었다. 이 모델은 전 사회적으로 확산되었다. 2002년에는 연세대가 교수 성과 연봉제를 선도적으로 도입했다. 처음에는 대체 교수가 어떤 성과를 낼 수 있단 말인가 한탄했지만, 곧 많은 교수들이 논문과 저서를 자신의 능력을 입증할 '성과물'로 생각하기 시작했다.

　진보주의자들은 이런 성과급 제도를 연공서열과 경력 우대를 철폐해서 '능력 있는 젊은이들'에게 기회를 줄 수 있는 좋은 제도로 보기도 했다. 능력주의가 권위주의와 나이주의를 타파할 수 있다는 논리다. 그러나 능력주의는 청년들을 옭아매는 덫이 됐다. 저마다 자기의 능력을 채굴하는 '자기계발자'가 되어야 했고, 무엇보다 그것을 입증해야 했다. 뿐만 아니라 상위 고소득 전문직의 능력주의와 달리 하층의 노동 계급에서 능력주의는 사용자의 노동자 통제와 관리 수단으로 이용되었다. 노동자들은 세분화된 평가에 시달렸고, 역량 강화를 위한 재교육을 요구받았으며, 승진이나 인사 평가에서 유리한 각종 자격증이나 어학 시험 점수를 위해 노동 외 시간을 투자해야 했다. 생산성 향상과 능력 개발을 위한 재교육 및 투자 비용은 모두 노동자 개인의 부담으로 전가되었고, 실질 임금을 하락시켰다. '무디스'나 '스탠더드앤푸어스'처럼 생소했던 '전문 평가 회사'의 평가 기법은 기업들을 넘어 정부나 공기업, 병원, 대학 등 공공 기관에도 적용되었다. 나이스(교육행정정보시스템)는 '학교 행정 정보화'란 명목으로 도입되었지만, 교사의 업무 역량 평가 도구로도 활용되었다. 우버와 타다의 승객들이 택시 기사의 서비스를 평가하는 시스템과 학생과 학부모가 교사의 역량을 점수로 입력하는 시스템은 동일하다.

교육에서 학력 평가가 능력 평가로 전화되는 과정도 비슷하게 전개되었다. 대입 학력고사는 본래 1981년 쿠데타로 정권을 잡은 전두환 정권이 엘리트를 해체하고 민심을 달래기 위해 과외 금지 조치와 함께 도입한 제도였다. 학력고사 제도는 1993년 대학수학능력시험으로 바뀌고 이후 입학 사정관제와 학교생활기록부 종합 평가가 도입되면서 '종합적 능력 평가'가 시작된다. '학력에서 능력으로'의 변화는 중요한 의미를 갖는다. 획일적인 점수 평가가 아니라 전인적 평가를 하겠다는 말은 겉으로는 좋아 보였지만 결국 인성, 성실성, 리더십, 창의력, 개성과 잠재력까지 모두 평가의 대상이 된다는 것을 의미했다. 능력에 대한 종합적 평가라는 것은 능력주의 신화를 뒷받침하는 또 다른 제도적 장치였다. 개성과 인성까지 평가할 수 있으려면 지표화가 필요하고 그러기 위해선 '수량화'가 필수적이다. 출석 일수가 성실함의 지표가 되고, 봉사 활동 시간이 인간성의 지표가 되었으며, 학생회 활동은 리더십의 지표, 상장 수와 수행 평가 점수가 창의력의 지표가 되었다. 학교생활기록부에서 양화되지 않은 교사의 정성 평가는 대학별 입시 사정에서 다시 등급으로 양화된다. 당시에는 성적으로 일렬로 줄 세우는 것보다는 평가 항목이 많아지고 다층적·다면적 평가를 시행하는 것이 더 낫지 않을까 막연히 생각하기도 했다. 하지만 이는 개인이 가진 모든 재능과 역량을 총합해서 '능력'이란 이름으로 평가할 수 있다는 생각을 만들어 냈다. 평가 지표와 무관하거나 평가될 수 없는 능력은 '무능력'이 된다. 이렇게 해서 능력주의는 인증된 능력자와 함께 동시에 수많은 무능력자를 탄생시킨다.

'능력'은 어떻게 '노동력'을 무가치하게 만들었나?

능력주의는 '능력'을 통해 '노동력'을 무가치화하는 자본의 기술이기도 하다. 산업 자본주의에서 사회의 부(가치)를 생산하는 핵심 요소는 '노동력'이었다. 신자유주의자들이 부활시킨 조지프 슘페터의 혁신 경제론은 고전 경제학의 노동 가치설을 전도시킨다. 부를 생산하는 것은 노동력이 아니라 '혁신'이다. 혁신에 필요한 것은 노동력이 아니라 능력이다. 혁신가는 곧 능력자다. 이건희의 혁신 경영론이 보여 주듯이 이런 논리에 의해 능력 있는 경영자, 혁신가로 변신하는 것은 자본가들이다. 반면 노동은 비용으로 계산되고 혁신의 대상이 된다. 자본이 노동력을 능력으로 전환시키는 과정에서 부상하는 것이 평가 기관이다. 능력의 가치는 회계 법인과 투자 회사를 포함한 평가 업체들에 의해 매겨진다. 대부분 다국적 기업인 이 '가치 평가 회사'의 권력은 정부의 지출을 통제할 만큼 막강하다. 평가야 예전부터 있었던 것 아닌가? 맞다. 조선 시대의 과거 시험도 평가였고, 수능 이전의 학력고사도 평가 제도였다. 하지만 과거와 지금의 결정적인 차이점은 평가의 '전 사회화'와 평가 자체의 '권력화'다.

평가 권력은 개인의 신용 평가 등급부터 기업의 가치 평가나 국가의 신용도와 경영 능력까지 사회의 모든 것을 평가한다. 자산도 평가하고 신용도 평가하고, 건강도 평가하고, 능력과 가능성도 평가한다. 평가가 없이는 투자도 없고, 인정도 없고, 복지도 없다. 금융 자본주의와 함께 한국 사회에 도입된 이 평가 모델은 과거의 평가와는 다르다. 투자에서 위험을 최소화하고 수익을 최대화하기 위한 모델이다. 평가 권력의 원천은 금융 자본이다. 평가는 계급 간 착취와 피착취의 관계를 개인 간의 경쟁과 성취의 문법으로 전환시킨다. 개인들은 이 평가 권력 앞에서 자신의 역량을 입증해 보여야 한다. 다시 말해 투자 가치가 있음을 입증하려면, 자신의 평가 점수를 높이기 위해 노력해야 한다.

그래서 등장한 것이 역량 개발 담론이다. 교육부의 명칭이 '교육 인적자원부'로 바뀌던 때다. 유엔 밀레니엄 개발 계획에서 핵심 투자 부문 역시 '교육' 분야였다. 이를 통해 교육이 '역량 개발 패러다

임' 하에 배치되었다. 이 용어는 들을 때마다 섬찟하다. 인간의 신체/생명/에너지와 모든 능력이 무한히 채굴(개발) 가능한 역량의 광도가 되는 것이다. 과거에는 노동력만 계약의 대상이었다면, 신자유주의 체제는 노동력을 포함하여 잠재력을 끌어낼 '자기계발' 능력과 지속 가능한 능력 개발을 위한 재생산 능력으로서 자기 관리 능력까지 요구한다. 하지만 구체적인 동기가 없으면 사람은 스스로 자기 자신의 채굴자가 되려고 하지 않는다. 동기가 부여되어야 하되, 그것은 자본의 실제 목표를 드러내지 않도록 은폐하면서 사람들이 자발적으로 역량 개발을 추구하도록 만드는 동기여야 한다. '경쟁'이 그 동기가 된다. 신자유주의적 착취의 동력은 '경쟁'이었다. 경쟁을 위해 반드시 필요한 것이 사회의 '피라미드 구조'다. 다단계 회사의 골드 회원이 다이아몬드 회원이 되고 다시 플래티넘 회원이 되는 것처럼, 피라미드를 한 계단씩 올라갈 때마다 우리는 평가의 관문을 통과해야 한다. 입시와 취업 승진이 모두 평가의 거름망으로 변질된다. 그러나 그 거름망은 정말로 우수한 사람을 걸러 내는 것이 목적은 아니다. 평가는 모두가 결과를 받아들이도록 만드는 순응의 장치다. 그것이 평가의 본질적 기능이며, 그래서 '공정성'이 중요해진다. 공정성의 신화는 평가 권력을 유지시키는 데 가장 필요하고 중요한 거짓말이다. 공정성이란 위계의 구조를 지탱하기 위해 도입된 기술적 장치로서 애초에 '평등'에 반하는 것으로, 정치적 의미로서의 평등과 하등 관련 없는 '게임의 룰' 같은 것이다. 도박판에서 룰을 잘 지킨다고 그것을 평등한 게임이라 말하는 사람은 아무도 없을 것이다.

정치적으로 중요한 것은 모두가 지켜야 할 그 규칙을 '누가' 정하는가이다. 마찬가지로 평가에서도 '누가' 평가하는가가 중요하다. 누가 규칙을 정하고 기준을 만들었나? 자본이 평가하고 노동이 평가받는다. 투자자의 이해관계가 평가의 기준이 되고, 노동자들이 기준을 적용받는다. 그런데 공정성의 논리는 교묘하게 그 주체를 묻지 않는다. 그 관계가 은폐되면, 경쟁이 치열해지고 탈락의 스트레스가 높아질수록 이런 말도 안 되는 규칙을 만든 이가 아니라 규칙을 어긴 이를 향해 분노가 터져 나온다.

그런데 학벌없는사회 운동 역시 이런 '권력관계'를 놓쳤다. 전체 대학에서 80%를 차지하는 사립대의 전체 권력 구조와 사학 재단의 카르텔을 간과했다. 대학 수가 늘어난다는 것은, 고등교육 시장이 그만큼 커진다는 뜻이고, 사학 자본의 힘이 그만큼 커진다는 뜻이었다. 사학 재단의 이해관계를 대표하는 한국대학교육협의회의 힘은 막강해졌고, 학생회의 힘은 약해졌다. 지금도 사학 자본 동맹은 총장단 협의회, 사무처장 협의회 등 다른 대학들과의 상설 협의 구조를 통해 정보를 교환하고, 위기가 생기면 공동의 대책을 수립하며, 입법 로비나 여론전을 수행한다. 대학의 다른 구성원들은 정반대. 전국적인 학생회 조직은 해체되었고, 대학 내의 분산된 개별 노조들은 전체 대학과 관련된 공동 사안이라도 산별 노조로 교섭을 할 수 없다. 자본의 단결권과 협상력은 강화되는데, 반대쪽은 해체되고 파편화되어 갔다. 대학의 지배 구조에서 이러한 비대칭성은 극단적 불평등을 낳았다. 하지만 지난 시기 '독재의 잔영' 때문에, 교육운동 진영은 대학의 자율성이란 명분을 제대로 비판하지 못했고, 대학 자율화가 어떻게 사유화로 연결되는지 자율성 담론에 감춰진 불평등의 심화를 폭로하지 못했다. 종종 평가 방법에 치중한 논쟁에 매몰되어 교육이 생산하는 비대칭적 불평등 구조를 전체적인 권력관계 속에서 보지 못했다.

다시 시작해야 할 운동

여전히 학벌 카르텔의 구조가 강고하고, 학벌주의가 능력주의 담론과 함께 차별과 혐오의 논리를 생산하는 데 힘을 발휘하고 있다면, 우리는 어떻게 해야 할까? 문제가 사라지지 않았다는 것은 여전히 운동을 요청하는 고통의 주체들이 있다는 말이다. 당연히 운동을 다시 시작해야 한다. 다시 시작하는 운동에서 중요한 것은 앞서 반성했던 오류와 한계를 되밟지 않는 일이다.

오늘날 지방에서부터 부실 대학들이 붕괴하는 상황은 거대한 학벌 체제가 아래로부터 무너지고 지식 권력의 특권이 해체되는 것 같은 착시를 일으킨다. 하지만 그것은 학령 인구 감소가 예견되는 상황에서도 이 시장에 뛰어들었던 자본의 예견된 실패이며 교육이라는 공공재를 시장에 내맡긴 정책의 실패다. 대학이 이렇게 많을 이유가 없고, 대학들은 사실상 학령기 연장 기관이자 청년·저소득층을 부채 경제에 종속시키는 장치로 기능하고 있지만, 그렇다고 해도 지금처럼 수익성 떨어진 사업들이 시장에서 도태되는 방식으로 대학이 파산하는 것을 내버려 두는 것은 바람직하지 않다. 대학이 파산해도 그동안 사학 자본은 충분히 이익을 뽑았지만, 지역과 대학의 구성원들은 치명적인 피해를 입게 된다. 이뿐만 아니다. 대학이 줄어들면 줄어드는 대로 학벌 경쟁은 더 심화되고 학벌 가치는 더 높아진다. 고등교육을 보편화하든, 소수화하든, 그 결과는 누가 어떤 목적에서 추동하느냐에 따라 달라진다.

'경쟁력'이라는 시장 논리로 대학을 도태시키고 줄이는 방식이 아니라 '공공성'의 논리로 대학을 모두의 것으로 탈환하는 길을 찾아야 한다. 무엇보다 필요한 것은 지식과 금융의 결탁을 끊어 내고 학벌의 자본화 과정을 중단시키는 것이다. 그러기 위해서는 학벌의 가치를 무가치화하고 반대로 학벌주의/능력주의가 무가치화한 것들의 가치를 다시 복원해야 한다. 노동에 대한 가치와 능력에 대한 가치, 양자의 교환 가치에 대한 사회적 재평가와 재협약이 필요하다.

학벌이 개인의 자산이 아니게 하려면 대학교육 공공화가 필수적이다. 대학 등록금 무상화는 대학 공공화를 위한 필수 정책이다. 교육에서 수혜자 비용 부담 원칙은 교육을 투자로 보는 관점 위에서 성립하는 것이다. 지금처럼 막대한 등록금과 교육비를 개인이 부담하는 제도하에서는 개인들에게 공공의 책무를 다하라고 요구하기 어렵다. '당신들을 교육시키는 데 드는 돈은 국민이 부담했다. 그러니 국민을 위해 일하라'라는 요구를 할 수 있어야 한다. 교육에 요구되는 비용과 노력의 값이 커질수록 가난한 사람들의 진입 장벽도 그만큼 높아진다. 비싼 교육 비용은 가난한 사람들의 교육 기회를 차단하고 계급 간 불평등을 초래하는 첫 번째 요인이다. 이것은 원한다면 누구나 교육받을 수 있는 권리를 보장하는 〈헌법〉을 위배하는 것이다. 독일은 전국적 위헌 소송으로 대학 등록금을 무상화했다. 반값 등록금이나 학자금 대출, 소득 분위에 따른 차등적 국가 장학금 제도가 아니라, 대학 무상교육을 도입해야 한다. 대학 등록금 무상화는 빈자를 위한 복지 정책을 넘어서는 계급 간의 정치 협약이다.

다른 한편, 지금 한국의 대학들은 사립이 80% 이상을 차지한다. 사립대를 민주화하는 운동으로부터 시작하지 않으면 대학 정책 결정 과정에서 협상력을 확보할 수 없다. 대학 무상 교육이 이루어진다 해도 대학의 운영 전반에 대한 결정을 소수의 이사진이 독점하는 '소수의 지배 구조'를 철폐하지 않으면, 국민의 세금으로 지원하는 교육비가 고스란히 사학 재단의 수익으로 돌아가게 되는 구조다. 그래서 경영 참여와 참정권의 요구가 중요하다. 소유권과 운영권을 분리하기 위해 개방 이사제와 총장 직선제, 친인척의 이사직 및 경영 참여 금지, 노조, 학생회 등의 대학 구성원으로 구성된 대학평의회 권한 확대 등의 방법을 통해 사학의 지배 구조를 민주화하고, 대학을 시민의 공적 감시와 통제하에 두어야 한다.

다음으로 대학 평준화를 실현하고 고교 평준화도 다시 회복해야 한다. 지금까지 우리는 '입시 제도'를 손질해서 이 문제를 해결하려 해 왔다. 여기에는 정치적 관점이 빠져 있다. 관점을 전환해서 '평가 권력'을 어떻게 해체할 것인가 고민해야 한다. 정부가 각종 공모 사업과 지원 사업을 통해 시민단체와 학술단체를 통제하는 것도 결국은 평가 권력의 독점을 통해서다. 평가의 기준은 계급의 입장을 반영한다. 평가 권력은 관리 계급의 권력 기반이기도 하다. 대학이 가진 여러 조건을 고려하지 않고 대학 내의 역량들을 시장이 요구하는 기준과 계산 가능한 지표로 양화해서 평가하는 언론사와 사기업들의 대학 종합 평가에 제동을 걸어야 한다. 교육부 스스로가 대학에 등급을 매겨 우수 대학부터 차등 지원하고 하위 대학을 도태시키는 시장 퇴출 방식의 평가 정책을 철회해야 한다. 대학은 기업이 아니고 기업 매매나 투자에 쓰이는 기업 가치 평가 방식을 교육 기관에 적용해선 안 된다. 사학 자본이 주장하는 것처럼 평가를 통한 공적 감시를 전면 철회하고 대학에 무제한의 자율성을 주라는 뜻이 아니다. 평가의 주체와 방법, 기준을 바꿔야 한다는 뜻이다. 대학에 공적 자원을 지원할 때는 당연히 사회적 책임을 요구하여, 사유화를 막는 사회적 기준을 수립하고 적용해야 한다. 기금 유용이나 논문 학위 위조 등 윤리 기준 외에도 학내의 노동 조건이나 노사 관계, 민주적 의견 수렴 절차 등의 기준을 요구해야 한다. 노동을 착취하고 노조를 파괴하며 학생 자치 조직을 탄압하는 대학을 노동자들이 낸 세금으로 지원할 이유가 없다. EU는 기업들이 주요 광물을 수입할 때 생산 현지에서 노동 착취가 있었는지를 반드시 확인하도록 하는 규정을 법제화하기도 했다. 노동의 힘이 약화된 시기에 학벌 경쟁과 대학의 사유화 경향이 심화되었다면, 반대로 우리는 노동의 강화를 통해 학내 민주화와 대학 평준화를 이루어 낼 수 있을 것이다.

또 하나 이루어 내야 할 중요한 교육 개혁 과제가 있다. 그것은 교육과정 안에서 노동 계급의 관점을 확장해 나는 것이다. 중등교육은 물론이거니와 특히 고등교육에서 노동자 민중의 입장을 대변하는 진보 학문과 좌파 이론이 도입될 수 있도록 '가치 투쟁'을 해야 한다. 지금 대학의 커리큘럼은 1987년 이후로 일시 진전했던 1990년대보다 훨씬 후퇴한 수준이다. 기술 과학이 인문 사회 과학을 주변화했을 뿐 아니라 미래학이 역사학을, 문화연구가 사회과학을, 행정학이 정치학을, 경영학이 철학을 도태시켰다. 이 과정에서 노동 계급의 문학, 역사, 철학이 '자연스럽게' 사라졌고, '통치론'만 남았다. 아무리 노동자 민중의 자녀가 무상으로 대학에 들어가도 거기서 배우는 것이 모두 자본가의 세계관뿐이라면, 자기 계급을 혐오하게 만드는 그런 고등교육이 무슨 소용이겠는가?

운동의 주체에 대한 고민도 필요하다. 대학생, 고등학생, 중학생, 청소년과 노동자와 가난한 사람들이 교육운동의, 교육 개혁의 주체가 되어야 한다. 지금 전문가라는 관리 계급은 자신의 계급적 이해관계에 입각해서 끊임없이 엘리트 지배 체제를 생산하는 자본의 공동 정범이다. 우리는 '보수 교육감 대신 진보 교육감'이 아니라, 노동 계급의 교사와 교육 행정가를 요구해야 하고 또 되어야 한다. 보수 엘리트를 진보 엘리트로 대체하는 상층부의 권력 교체에 그치는 일은 정치에서도 교육에서도 이제 끝나야 한다. 다행히 서울의 '사단법인 학벌없는사회'는 해산했지만 광주에서 모였던 '학벌없는 사회를 위한 시민 모임'은 해산하지 않았다. 전체적인 계급 양극화와 중간 계급 양극화는 중앙과 주변의 격차에도 반영되었을 것이고, 서울·수도권과 비수도권 지방에서 느끼는 학벌주의의 체감도 역시 달랐을 것이다. 저항은 언제나 모순이 가장 첨예한 곳에서 시작된다. 2006년 반세계화 투쟁 당시처럼 2020년 현재 전 세계적으로 확산되는 반신자유주의 운동 역시 주변에서 점화되어 중심으로 번져 가고 있다. 교육운동도 중심의 모범 사례가 아니라 주변부의 저항 경험에 주목하면 다른 주체와 방법을 발견할 수 있을 것이다. 칠레의 신자유주의를 멈춰 세우고 개헌을 이끌어 낸 저항 운동의 핵심은 가장 큰 피해자였던 청소년과 청년들의 교육 투쟁이었다. 볼리비아에서 우파의 쿠데타를 무력화시킨 민중 저항의 중심에는 청소년운동과 청소년단체들이 있었다. 전 세계적으로 급진적 기후정의운동을 이끌고 있는 주체들도 청소년과 청년들이다. 국제 NGO나 진보적 교육 행정이 체제 유지를 위한 타협적 개량책들을 제시할 때도 이들은 근본적인 요구를 후퇴시키지 않는다. 홍콩에서 가장 격렬하게 저항했던 이들이 누구인지 생각해 보라. 홍콩 이공대 벽면에 쓰여 있던 글씨를 나는 잊을 수 없다. "나는 이 세계에 아무런 지분도 없다."

학벌없는사회는 학벌 사회에서 몫을 갖지 못한 사람들인 학벌 없는 사람들이 학벌 체제에 맞서 말하고 싸울 수 있는 언어와 사상과 담론의 무기를 만들고자 했다. 그것은 지금도 여전히 절실하고 필요한 일이다. 학벌주의가 능력주의로 변형된 지금 '무능력자'로 규정되어 부당한 차별을 받는 이들이 능력 사회에서 싸울 수 있는 인식론과 실천론이 필요하다. 노동자 민중의 편에 남아 있는 지식인과 활동가들이 그 역할을 해 주기를 바란다. 능력이 권력과 자본으로 변환되는 사회라면 저항자들의 무기 역시 '능력'과 '전문성'이 가장 중요한 것일까? 그렇지 않다고 생각한다. 우리에게 필요한 것은 가진 자의 힘이 아니라 없는 자의 단결한 힘이고, 힘 있는 자의 힘이 아니라 힘을 갖기를 원하는 이들의 힘이다. 나는 다음의 학벌없는사회 운동은 대학거부자와 미진학자와 낙오자들로부터 시작될 것이라 믿는다.

 이 글은 다시 시작되어야 할 운동을 위해 쓴 글이다. 그러려면 평가의 과정을 치열하게 밟아야 한다. 우리는 그것을 제대로 하지 못해서 늘 똑같은 오류와 한계를 반복하고 똑같은 패배를 반복한다. 변화의 한가운데를 지나고 있던 시점에서는 분명 잘 보이지 않았던 것이 있다. 짚어야 할 한계와 오류는 과거를 돌아보는 시점에만 보이는 것인지도 모른다. 어떤 운동이 그냥 소멸해 가는 것이 아니라 패배를 인정하고 한 시대 안에서 자기 역할을 매듭짓는다는 것은 그 자체로 의미가 있을 수도 있다. 하지만 패배의 원인은 더 정교하게 더 비판적으로 평가되어야 한다. 그래야 패배가 발목을 잡는 과거를 넘어, 다음의 디딤돌이 될 수 있기 때문이다.

2부

능력주의는 왜 사회에 해로운가

능력주의 해부를 위한
네 가지 질문

박권일
사회비평가

　능력주의는 한국인의 일상 전체를 지배하고 있다고 해도 과언은 아니다. 능력이 우월할수록 더 많은 몫을 가지고 능력이 열등할수록 더 적은 몫을 가지는 것은 당연시되곤 한다. 가령 능력이 열등한 이가 능력이 우월한 이와 같은 몫을 가진다면, 사회 전체의 생산성을 저해하는 비효율이자 부정의한 사태로 강하게 비난받는다. 그러한 능력주의는 오랫동안 한국인을 지배해 온 사회적 상상이었다. 바꿀 수 있고 바꿔야 마땅한 사회 제도·법·관행에 대한 문제 제기조차

'피해자 탓하기'와 '책임의 개인화'로 귀결시켜, "결국 네가 공부 안 해서 그런 거잖아"라는 식의 말로 말문을 막아 버리는 일은 흔하게 목격된다. "억울하면 출세하라"는 한국 사회의 약자들이 가장 많이 들어야 했던 말이었다. '공정성'이라는 단어로 벌어지는 수많은 논란들도 결국 능력주의라는 이념에 수렴한다. 사람들이 '공정하다'고 말할 때의 그 공정은 능력에 따른 차별을 의미한다. 왜 능력주의를 들여다보아야 하는가? 이것이 오늘 우리의 모습이기 때문이다.

왜 능력주의인가?

공정성 내전

2020년, 인천국제공항공사가 사실상 비정규직이었던 보안 요원을 '청원 경찰', 즉 자사 정규직으로 전환하겠다고 발표하면서 큰 논란이 일었다. 이른바 '인국공 사태'다. 공기업 시험을 준비하는 소위 '취준생'을 중심으로 "역차별", "무임승차", "로또 취업", "불공정"이라는 목소리가 폭발했다. '서울의 좋은 대학 나와 토익 시험 만점을 받아도 가기 어려운 '신의 직장' 공기업 정규직을 스펙 낮은 이들이 차지하는 게 불공정하다'는 불만이었다. 공정성에 대한 지적은 학벌주의 옹호는 물론, 블루칼라 노동자와 소위 '지잡대'* 출신에 대한

---

* '지방에 있는 듣도 보도 못한 잡스런 대학'을 의미하는 비하 용어. 2000년대 생겨난

노골적인 혐오 발언으로도 이어졌다. 이런 일은 처음이 아니었다. 가히 '공정성 내전'이라 부를 만한 이 현상은 최근 10여 년간 한국 사회에서 끊임없이 일어났다. 2017년 서울교통공사의 비정규직 정규직화를 둘러싼 논란이 그 전형적 사례였다.

서울교통공사 소속 무기 계약직들이 정규직 직원들로부터 원색적 비난과 인신공격에 시달린 끝에 급기야 인권위원회에 긴급 구제를 신청했다. 서울시가 약속한 정규직 전환 정책이 구체적 계획 없이 표류하면서 지난달 무기 계약직 한 명이 목숨을 끊는 등 극단적인 노노 갈등을 야기했기 때문이다. (……) 교통공사 내부 게시망에서부터 무기 계약직을 향한 정규직의 온갖 욕설 글과 비하 발언을 쉽지 않게 찾을 수 있다. "정의 구현, 무임승차 놈들아", "무임승차 무기 업무직들은 조져야 된다"는 등의 격한 발언은 양호한 편이다. 무기 계약직을 '빨갱이'나 '통합진보당 잔존 세력'으로 지칭하면서 "평양교통공사로 꺼지라"며 뜬금없는 이념 공세를 펼치는 글도 보인다. "수십 년간 메트로와 함께한 노숙자랑 잡상인은 편입 안 시키느냐"라거나 "폐급을 폐급이라고도 부르지 못하느냐" 등의 인신공격성 표현도 상당하다.*

대학 서열 토론 커뮤니티인 '훌리건 천국'에서 처음 만들어졌다.
* "'폐급 XX, 공산당'…서울교통공사 비정규직, 인권위에 진정", 〈노컷뉴스〉, 2017년 12월 7일.

능력주의 해부를 위한 네 가지 질문 • 박권일

2017년 12월 31일 서울교통공사 노사가 무기 계약직 전원을 정규직으로 전환하기로 최종 합의하자, 여러 인터넷 커뮤니티 게시판에는 원색적인 비난이 쏟아져 나오기 시작했다. 한 커뮤니티에 ID '베리굿땡'은 "서울교통공사 정규직 전환 미쳤네요"라는 게시물에서 이렇게 적었다. "정규직을 위해 열심히 노력하는 구직자는 외면하고 어중이떠중이 뒷문으로 채용된 비정규직들은 정규직 되고. 이게 적폐 청산인지 적폐 양산인지 도대체 누가 적폐인지. 서울시장 실적을 위해 적폐를 양산하는 것인 양 한심하네요."* 그 글에 수많은 동의의 댓글이 달렸다.

	"미친 거죠. 이건 평등이 아니라 특권입니다." - ID '처리스'
	"매점 아줌마도 대졸 공채로 입사해서 머리 아픈 일 하는 직원들하고 똑같은 급여 받는 거죠. 공산주의스러운 발상이죠." - ID 'onenb2'
	"심하게 말하면 출신 성분 자체가 다른데 같은 급여 주는 거임. 무기 계약이랑 공채가 급여 체계와 일이 다른 건 당연한데 이걸 합치면 분위기 개판에 구직자들 허탈감도 쩔죠." - ID '사이드메뉴'

	이런 발언들은 예외적이거나 극단적인 사례가 아니다. 온라인 커

---

* 베리굿땡, "서울교통공사 정규직 전환 미쳤네요", '엠엘비파크' 불펜 게시판(mlbpark.donga.com), 2018년 1월 1일.

뮤니티 어디서나 흔히 볼 수 있다. 이들의 단골 메뉴는 '무임승차론'과 '역차별론'이다. '좋은 직장'에 다니는 정규직은 힘들게 대학 가서 어렵게 정규직 공채 시험을 통과한 '능력 있는 사람들'인 데 반해 비정규직은 그렇지 못한 이들이므로 설사 같은 업무를 하더라도 처우를 차별하는 게 당연하다는 게 이들 생각이다. 그러나 한 직장에서 수년간, 길게는 10년 이상 일해 온 경력과 숙련은 '무임승차'라는 말과 전혀 부합하지 않는다. 실제로 그들은 그 기간 부가 가치를 생산해 냈고, 회사에 기여했기 때문이다. '기여에 대한 보상'이라는 차원에서 본다면, 나날이 축적된 이런 노동이야말로 업무와 연관성조차 불분명한 공기업 입사 시험 성적보다 훨씬 명확하고 객관적인 기준이라 할 수 있다.

2020년 '인국공 사태'도 서울교통공사 사례와 유사한데, 하나 차이가 있다면 주로 정규직을 목표 삼은 취업 준비생들이 비정규직 노동자를 공격했다는 점이다. 이들의 주장도 서울교통공사 사태 당시 반발했던 정규직들의 주장과 판박이처럼 똑같다. '깜냥도 안 되는 비정규직이 감히 우리와 같은 대우를 받는 것은 용납할 수 없다'는 것이다. 인천국제공항 보안 요원은 공사 공채 시험을 통해 선발하는 직원과 직무의 성격이 완전히 다르며 기존 정규직의 몫을 빼앗아 가는 것도 아니다. 그럼에도 취준생들은 세상이 뒤집힌 것처럼 들고 일어났다. 무엇이 그들의 '역린'을 건드린 것일까. 그 멘탈리티를 투명하게 드러낸 글이 있다.

능력주의 해부를 위한 네 가지 질문 · 박권일

연대숲 #68384번째 외침:

오늘날의 대한민국은 어디에서 인재를 찾는가?
- 취업과 엘리트주의의 담론에 대한 견해

이번 인국공 사태와 소위 '지방 인재'의 취업 할당 법안 발의 이후로, 대한민국은 노동의 가치, 경쟁의 가치 등을 놓고 의견 대립을 보이는 듯싶다.

그러나 그 대립의 과정에서 어이없는 담론이 확산되고 있다는 생각에 다소 긴 제보를 적어 보려 한다.

그 어이없는 담론이란, 기업이 '학벌과 무관한' 실무 능력을 중시해 개인의 고용 여부를 결정한다는, 다소 납득하기 힘든 주장이다. 그러나 개인의 실무 능력 및 자질과 학벌이 정말 무관한가?

바로 그 학벌을 얻어 내기 위해 우리는 노력해야 했으며, 그 이상으로 특출나게 '뛰어나야' 했다. 누가 인재인가? 필자의 주변에는 이 학교에 들어오기 위해 1년을 꼬박, 자는 시간만 빼고 20시간가량을 서서 살았던 누나가 있다. 지방에서 3수를 해 입학했으나 오히려 그렇기에 누구보다 유식한 형도 있다. 가장 힘든 전공 과목과 복수 전공까지 챙기면서도 취미로 작가 수준의 유화를 그리던 누나도 있다. 이들의 노력에 대해 보상하라는 말이 아니다. 다만 이들의 역량을 보자. 집중력, 끈기, 저변 넓은 배경지식, 다재다능함. 정말 기업이 요구하는 능력과 학벌이 무관한가? 필자의 답은 '아니다'이다.

우리는 누구보다 뛰어난 우리의 역량을 발굴하고 증명했기에 소위 학벌을 쟁취할 수 있었던 것이다. 대입을 위해 경쟁하던 전체 인구의 상위 5% 안에 우리가 있었던 것은, 그저 머리 좀 좋아서가 아니다. 총체적인 역량의 우수함이 있었기 때문이다. 엘리트가 스스로를 엘리트라 칭하는 것에 거리낄 이유가 뭐 있을까. 우리가 뛰어나다는 사실은, 우리와 함께 경쟁했던 이 사회의 그 누구도, 태연히 부정할 수 없다.

그런데 현 정부는 어디에서 지방 인재를 찾는가. 어디에서 여성 인재를 찾는가. 지방에서 3수 해서 기어코 꿈에 한 발짝 다가간 그 형이 진짜 지방 인재다. 사람 몸에 저 정도 재능이 다 들어가나 싶은 그 누나가 진짜 여성 인재다. 현 정부의 고질적인 병폐인 포퓰리즘과 대중주의는 무슨 듣도 보도 못한 대학, 시민단체 등에서 소위 인재를 발굴하겠다는 모순을 야기했다.

그러나 적어도 우리 학우들은 인지해야 할 것이다. 그 누구도 우리를 제쳐 놓고 인재를 논할 수 없다. 이는 오만한 말이지만 동시에 사실이다.*

아직 직무에서 역량을 발휘해 보지도 못한 일개 취업 준비생이 지닌 자의식치고는 지나치게 비대하다. 그 자의식은 오직 대학 입시에서 높은 점수를 받고 소위 명문대에 입학했다는 사실에서 비롯한다. 저 글의 가장 흥미로운 점은 "개인의 실무 능력과 자질과 학벌이 정말 무관한가?"라고 물은 다음 어떤 논증도 없이 '나는 특출

---

* 페이스북 '연세대학교 대나무숲' 페이지, 2020년 7월 1일.

나게 뛰어나다'라는 선언으로 비약하는 부분이다. 근거처럼 제시한 게 "집중력, 끈기, 저변 넓은 배경지식, 다재다능함"인데, 정작 글쓴이는 이것이 왜 학벌 좋은 사람만의 자질인지는 설명하지 못한다. 논리학에서는 이런 상황을 '수행적 모순' 또는 '화용론적 모순'이라 부른다. 화자의 주장과 행동이 상충하는 것을 가리키는 개념이다. 저 횡설수설하는 주장은 글쓴이가 사실관계나 추상적 개념을 분석적으로 다룰 수 있는 역량이 부족하다는 것을, 다시 말해 본인이 원하는 업무를 무리 없이 수행할 수 있는 자질이 부족하다는 것을 시사한다.

혐오 담론화하는 능력주의

이렇게 '수능 점수를 능력과 동일시하는' 현상*은 비단 자의식이 비대한 취준생만의 문제는 아니다. 정도의 차이는 있지만 많은 청년 세대가 공유하는 생각이고, 나아가 한국 사회 전체가 여기서 자유롭지 않다. '공정성 내전'은 비정규직 문제에서만 불거지는 현상도 아니다. 소수자·약자 배려 정책이 "역차별"이라는 주장도 쉽게 찾아볼 수 있다. 다음은 어느 대학교에서 벌어진 논란에 관한 기사다.

개강 첫날이었던 지난달 2일 서울의 한 명문 사립대 강의실. 휠체

---

* 오찬호(2013), 《우리는 차별에 찬성합니다 : 괴물이 된 이십대의 자화상》, 개마고원.

어를 탄 장애인 학생 A(여·20) 씨가 강의실의 '높은 문턱'에 고개를 떨궜다. 입구에 계단이 있어 A 씨 혼자서는 강의실로 들어갈 수 없었기 때문이다. 수강생 두 명에게 체어를 들어 올려 달라고 부탁해 간신히 강의실로 들어갔지만 상황은 더 난감했다. 강의실 좌석이 계단식으로 배치돼 있었기 때문이다. A 씨는 교수가 서 있는 강단 한 귀퉁이에 자리를 잡고 수업을 들었다.

이 대학은 '장애인 접근이 어려운 강의실 리스트'를 만들어 배포하고 있다. A 씨는 이 리스트를 보고 수강 신청을 했다. 그런데 이 강의실이 리스트에 빠져 있었던 것이다. A 씨가 학교 장애학생지원센터에 강의실 변경을 요청하자 학교 측은 실수를 인정하고 이곳에서 350m 떨어진 다른 강의실을 배정하려 했다. 하지만 이 계획은 일부 수강생이 "동선을 고려해 수업 시간표를 짰는데 강의실 거리가 멀어지면 곤란하다"고 반대해 무산됐다. 대신 딛당 교수가 "장애 학생이 이동 시간 때문에 수업 앞뒤로 빼먹는 부분에 대해 따로 보충 수업해 주겠다"는 절충안을 내놓았다.

그러나 며칠 뒤 A 씨는 학교 온라인 커뮤니티에서 '비양심 민폐 장애인'이라는 오명을 뒤집어썼다. '장애 학생 하나가 미리 알아보지도 않고 수강 신청해 놓고 강의실 변경 요구했다가 무산됐다. 걔만 따로 일대일 수업 받는다는데 이거 어디다 항의하냐'는 글과 함께 '특혜' 논란이 벌어진 것이다. '교수님의 말 한마디 한마디가 중요한데 1:1로 보충 수업을 해주는 것은 불공평하다' '양심이 있으면 장애 학생이 수업을 포기해야지'라는 글도 올라왔다.

이번 사태를 두고 학내에선 의견이 갈렸다. 재학생 최모(21) 씨는 "장애인을 배려하지 않는 일부 학생의 편협한 시각에 놀랐다"고 말했다. 그러나 본지가 4일 이 대학 재학생 20명에게 물어보니 60%가 '보충 수업은 특혜'라고 답했다. 재학생 박모(21) 씨는 "학점을 상대 평가로 주는데 일대일로 개별 수업을 하다 보면 중요한 부분만 이야기해 줄 것 아니겠느냐"고 했다. '강의실 변경을 해 줘선 안 된다'는 답변도 40%였다.*

이 기사를 두고 '배려심 없는 요즘 이기적인 대학생'에 대한 비난이 적지 않게 나왔고, 같은 세대 대학생으로서 반성한다는 목소리도 있었다. 그러나 계단 강의실을 고집한 학생들, 게시판에서 거기에 동조한 많은 사람에게 저 사건은 배려나 양보의 문제가 아니라 '공정성'의 문제였다. 단지 장애인 1명 때문에 모든 사람이 피해와 불편을 감수하는 건, 그들이 보기에 납득할 수 없이 불합리한 일이었을지 모른다. 그들은 진심으로 이렇게 생각했을 수 있다. "죽어라 공부해서 천문학적 등록금까지 내고 들어온 대학교에서 내가 누릴 권리를 다 누려도 시원찮을 판에 왜 내가 그런 '희생'을 감수해야 하지?" "애초 계단 강의실임을 확인하지 않은 장애인이 문제인데 절차상 아무 잘못도 없는 우리가 왜 '양보'해야 하나. 그거야말로 '불공정'하지 않은가?"

---

* "휠체어 학생에…계단 강의실 고집한 대학생들", 〈조선일보〉, 2017년 4월 5일.

공정성에 대한 집착과 능력 강조는 현실에서 '능력자에 대한 우대'라는 차원보다 주로 '탈락자·소수자·약자에 대한 차별과 혐오'의 형태로 발현된다. 사실 능력이란 개념은 모호해서 어떤 탁월성을 명확히 입증하는 것은 쉽지 않다. 그러나 시험에 떨어지는 사람은 명확하다. 사회가 규정한 정상성에서 벗어난 사람을 찾기는 쉽다. 그런 이들을 배제하는 것이 곧 자신의 지분을 지키는 일이라고 판단하는 사람들이 많아지는 이유다. 그래서 공정성 내전은 금세 공정의 탈을 쓴 혐오 담론이 되고 만다. 소수자·약자 혐오를 추동하고 지속시키는 핵심 동기 중 하나가 바로 능력주의다.

'일베' 등 넷우익 담론들, 이를테면 이주 노동자, 여성, 호남 사람, 민주화 운동 세력을 향한 갖가지 혐오 표현들의 심층에 담겨 있는 정당화 논리 역시 능력주의였다. 한마디로 '자격과 능력도 없는 것들이 무임승차를 통해 과도하게 많은 자원을 가져가고 있다'는 논리다. 인간의 존엄에 대한 믿음, 평등의 토대가 무너진 능력주의는 인종주의와 구별 불가능해진다. "강하고 아름다운 존재는 추앙해 마땅하다. 하지만 약하고 못난 존재는 벌레 취급해도 좋다! 이제 저 타락한 능력주의자들은 나보다 자격과 능력이 없는데 몫을 더 받는 것처럼 보이는 대상들을 향해 증오와 혐오를 드러내는 데 거리낌 없어진다."*

---

* 박권일 외(2014), 〈공백을 들여다보는 어떤 방식 : 넷우익이라는 '보편증상'〉,《지금, 여

능력주의는 무엇인가?

용어와 맥락

능력주의meritocracy는 업적주의業績主義, 공적주의功績主義, 실력주의實力主義 등으로 번역되기도 했다. 이렇게 번역어가 다양해진 이유는 'meritocracy'에 적확히 조응하는 용어가 없기 때문이다. 'merit'는 라틴어 'meritum'에서 파생된 말로 뛰어남, 가치, 공로 등의 의미를 가진다. 'merit'라는 단어의 의미에 충실하려면 업적주의나 공적주의 같은 번역어가 적절할 것이다. 그러나 업적주의나 공적주의는 과거의 기여나 공로에 방점이 찍혀 있으므로 잠재력, 역량 등 현재에서 미래로 연결되는 '재능'을 포괄하지 못한다. '실력주의'라는 말은 주로 교육학이나 교육사회학 연구 등에서 학력주의·학벌주의에 대립하는 개념으로 사용되었다. 그러나 학력주의·학벌주의는 그 기원과 본질이 능력주의이다. 혈통이나 신분이 아니라 계몽과 교육을 통해 개인의 재능을 발현시킬 수 있다는 믿음이 만들어 낸 이데올로기이기 때문이다. 따라서 학력주의·학벌주의는 능력주의의 하위 범주 내지 다른 이름일 뿐이다. 또한 '실력'이라는 말은 능력을 특권화하는 형태로 가치 판단하는 어휘이기에 비판적 검토에 적절한 개념이라고 할 수 없다.

능력주의는 1958년 영국 사회학자 마이클 영이 사회 풍자 픽션

기의 극우주의》, 자음과모음, 58쪽.

인《능력주의의 발흥》에서 처음 만들어 낸 말이다. 작품 속 미래 영국 사회는 철저하게 지능 검사 성적에 따라 학교와 직장이 정해지는 사회다. 표면적으로 이 사회는 철저히 재능에 따라 일이 분배되는 매우 합리적인 사회로 보이지만, 오직 기존 엘리트만이 자녀들이 검사에서 높은 성적을 얻는 요령을 안다는 점에서 실은 매우 불합리하고 불공정한 사회다. 가난한 부모에게서 태어난 어린이의 미래는 그가 태어난 환경에 완벽히 종속되며, 엘리트 부모들은 자식들을 엘리트의 트랙에 남아 있게 하기 위해 광기 어린 경쟁을 계속한다. 영은 이 독특한 작품에서 일견 합리적이고 공정해 보이는 능력주의 시스템이 어떤 지옥을 만들어 내는지를 통찰력 넘치게 형상화했다.

영은 능력주의를 부정적으로 그렸지만, 그 이전에도 이후에도 능력주의는 부정되지 않았다. 그러기는커녕 능력주의는 매우 긍정적인 이념, 나아가 사회가 지향해야 할 이상으로 칭송되었다. 능력주의라는 어휘 자체는 1950년대 말 마이클 영이 만들어 냈지만, 능력주의라는 '신화'는 그보다 훨씬 오랜 역사 속에서 각기 다양한 사회 속에 배태되어 왔다. 그 신화는 특히 자본주의와 긴밀히 결합해 있었다.

예컨대 이매뉴얼 월러스틴은 능력주의 신화가 역사적 자본주의의 탄생과 궤를 같이한다면서 이렇게 말한다. "자본주의 문명의 신화에 따르면, 이전의 모든 역사적 체제들에서 개인은 태어나면서부터 그 신분이 정해져 있었지만, 유일하게 역사적 자본주의에서는 능력에 따른 배치 – 프랑스 혁명에서 주장된 바 '재능에 따른 출세 career open to talents'가 생겨났다는 것이다."*

월러스틴은 "신화와 현실을 주의 깊게 비교하지 않으면 안 된다"면서 (자본주의) "이전의 역사적 체제들에서 개인의 사회적 상승이 전혀 없었던 것은 아니"라고 지적한다. 군사적·상업적 재능에 의한 권력의 전복은 자본주의 이전에도 심심찮게 일어난 사건이라는 것이다. 그럼에도 월러스틴은 자본주의 체제가 이전과 달랐던 것은 "능력주의가 단순히 사실상의 현실로서가 아니라 하나의 공식적인 덕목으로서 천명되었다는 점"이라고 지적한다. 다시 말해서 자본주의 체제 이전 능력주의는 현실이되 규범은 아니었지만, 자본주의 체제 이후 능력주의는 현실, 달리 표현하자면 제도이자 규범이 되었다. 따라서 능력주의에 대한 역사적 분석은 '제도'로서 능력주의를 고찰하는 것이면서 동시에 '규범'으로서의 능력주의에 대한 분석이 된다. 이 둘은 서로가 서로의 근거가 되어 주는 불가분의 관계다.

개천용 신화는 어떻게 탄생하는가

능력주의는 제도화된 규범으로 존재한다. 가장 대표적인 것이 '고시'라 통칭되던 고위 공무원 선발 시험이었다. 고시는 한국인이

---

* 이매뉴얼 월러스틴, 나종일·백영경 옮김(1993), 《역사적 자본주의/자본주의 문명》, 창작과비평사, 140쪽.

생각하는 능력주의의 이상에 가장 가까운 제도였다. 먼저 응시 자격의 제한 요건이 적다. 모두가 정해진 시간과 장소에 가서, 똑같은 문제를 풀고, 받은 점수에 따라 '1등부터 꼴찌까지' 명확히 정해진다. 시험의 투명성을 제고하기 위한 최대한의 주의가 기울여진다. 수년을 준비해도 떨어지는 사람이 다수일 정도로, 시험의 난도는 상당히 높다. 하지만 일단 합격하면 본인뿐 아니라 가족 전체의 신분이 상승하기도 하였다. 요컨대 이보다 단순 명료한 경쟁은 없었으며, 이보다 보상이 큰 시험도 없었다. 지금은 로스쿨 제도로 대체된 사법 시험은, 그러한 고시 중에서도 가장 어렵고 그래서 그 사회적 위상도 높았던 시험이다.

한국에서 가장 오래된 고시 잡지인 《고시계》는 고시 제도의 착근기에 그 시험이 어떤 의도와 성격을 가졌는지를 잘 보여 주는 중요한 자료다. 이 잡지가 창간되던 1950년대 중반 당시는 많은 사람들이 전쟁이 강제한 '평등 상태' 속에서 입신 출세를 위한 치열한 경쟁으로 속속 뛰어들고 있었다. 고시는 그런 사람들에게 경제적 곤란을 해결해 주는 것에 더해 일거에 운명을 바꿔 줄 수 있는 계기로 여겨졌다. 무엇보다 그 계기가 '공명정대한 능력 대결'로 가려진다는 점이 그들에게는 매력적이었을 것이다. 1956년 9월호에서 고등 고시 행정과 합격자 정찬각은 고시의 성격을 다음과 같이 정의한다.

'고시'란 공인된 우승열패의 쟁취장이며 공무원 될 자는 모름지기

응전할 용의를 가져야 될 것이며, 이왕이면 기필코 승리의 월계관을 획득함으로서 목적은 성취되는 것이다. 그러나 승리를 하자면 실력이 유일한 무기이고 이 실력은 장구한 시간을 두고 고심초사의 누적에서만 얻어진다고 본다.*

이후 50년 가까운 시간 동안 고시의 권위가 위협받는 상황은 거의 나오지 않는다. 국가가 관장하고 보장하는 독점적 엘리트 선발 제도로서 고시는 완전히 체제 내화되었고, 많은 청년들은 그 "공인된 우승열패의 쟁취장"으로 뛰어들었다. 일부 법조 엘리트들은 자신의 노력만으로 인생 역전이 가능하다는 신화와 능력주의적 선민의식을 적극적으로 조장했다.

고시는 인생사에 자기의 목표를 세워 끊임없이 자기의 노력을 경주하여 자기 혼자의 힘으로 능력을 쌓아 올려 최후의 승리를 쟁취한 것이니 그 목표를 세운 것, 노력을 경주한 것, 혼자의 힘으로 능력을 쌓아 올렸다는 것, 그리하여 최후의 승리를 쟁취하였다는 것이 어느 것이나 귀중치 않은 것이 있으리요. 인생에 있어 최대의 승리를 취득한 것이라 할 것이다. 이 최대의 승리를 이룩하기 위한 노력은 자기 혼자의 힘으로 쌓아 올렸다 함에 가치가 있는 것이요 승리도 자기 혼자의

---

* 정찬각, 〈동도를 지향하는 후배에게 드리는 글〉, 《고시계》, 국가고시학회, 1956년 9월호, 164쪽.(한자는 한글로 변환 표기)

힘으로 쟁취하였다 함에 남이 도저히 따를 수 없는 무게가 있다. 사업가도 경세가도 자기 자본과 지위와 배경 등이 필요하다고 한다. 고시를 본 사람하고는 다르다.*

이 글을 보면 고시야말로 개인 대 개인의 순수한 능력 경쟁인 것처럼 보인다. 터무니없는 기만이다. 승리한 입장에서만 고시 준비 과정의 고통을 설명하는 경우 그 고통은 성과를 내기 위해 필요한, 또 충분히 감수할 만한 대가로 보이기 쉽다. 그래서 소위 '개천용'을 만들어 낼 수 있는 가장 공정한 방식이 고시라는 주장을 가장 강하게 믿는 집단은 고시 합격자일 확률이 높다. 이것이 바로 '생존 편향' 현상이다. 생존 편향이란, 생존자 또는 성공한 사람들만을 고려 대상으로 삼음으로써 잘못되거나 치우친 판단을 하는 오류를 가리킨다.** 다음의 글은 전형적인 생존 편향의 예다.

강자에게나 약자에게나 주어진 상황은 매한가지, 그러나 약자는 상

---

* 양병호, 〈권두수상 : 고시의 보람〉, 《고시계》, 고시계사, 1985년 10월호, 12쪽.(한자는 한글로 변환 표기)
** 제2차 세계대전 당시 연합군은 교전을 마치고 돌아온 전투기들에 난 총알 구멍을 분석해 가장 총알을 많이 맞은 부분에 철갑을 두르기로 했다. 총알이 집중된 곳은 동체였고 엔진 쪽에는 총알 구멍이 매우 적었다. 하지만 수학자이자 통계학자인 아브라함 발드는 "갑옷을 총알 구멍이 난 곳에 두르면 안 됩니다. 총알 구멍이 없는 곳, 즉 엔진에 둘러야 합니다"라고 조언한다. 엔진에 총알을 맞은 미군기들은 바로 격추되어 버렸고 동체에 맞은 미군기는 어쨌든 생환할 수 있었음을 간파했기 때문이다.(조던 엘렌버그, 김명남 옮김 (2016), 《틀리지 않는 법 : 수학적 사고의 힘》, 열린책들, 14~21쪽.)

황에 도취되고 탐닉하여 끌려가는 반면 강자는 상황을 극복하고 조성하며 개선해 나가는 차이점이 있읍니다. 지금의 상황이 비록 어둡고 춥다 하여도 보다 강한 자가 되어 상황을 밝고 따뜻한 수준으로 이끌어 의심 없이 믿는 마음으로 밀고 나아가면 거기에 대한 보상은 반드시 승리일 거라고 확신합니다.*

고시를 실제로 준비하고 치러 본 이들은 안다. 그것은 결코 혼자서 가능하지 않다. 적어도 수년간 밥 먹고 공부에만 매진할 수 있으려면 최소한의 경제적·정서적 환경이 갖추어져야 한다. 아무리 지적 역량이 탁월하고 '리걸 마인드legal mind'를 갖추고 있더라도 하루 벌어 하루 먹고살아야 하는 일용직 노동자는 고시의 출발선에 설 수 없다. 가난한 집에서 태어났더라도 남성은 그래도 고시를 보겠다고 하면 가족의 지원을 받는 경우가 많았다. 하지만 여성은 특히 고시는커녕 상급 학교 진학조차 '주제넘은' 일이었기에 고시는 사실상 시도조차 할 수 없는 도전이었다. 그러나 《고시계》에 실린 수많은 합격 수기와 조언들은 마치 그런 환경의 차이가 전혀 존재하지 않는 것처럼, 고시 제도야말로 완벽한 개인 능력의 경쟁인 것처럼 묘사하고 있다.

수천, 수만의 실패와 불운은 지워지고, 몇몇 승자가 용이 되어

---

* 노창환, 〈합격기 : 해방전야〉, 《고시계》, 고시계사, 1979년 8월호, 232쪽.(한자는 한글로 변환 표기)

승천하는 장면을 장구한 세월에 걸쳐 보여 줌으로써, 고시 제도는 능력주의를 끝없이 퍼 올리는 가장 강력한 원천이 될 수 있었다. 이러한 과정을 거쳐, 시험 제도를 중심에 둔 능력주의와 '개천용' 신화는 한국 사회에 뿌리 깊게 자리했다.

불평등의 '원인'이 능력주의인가?

'능력주의' 같은 대중적 통념을 분석하는 일이 왜 필요하며 중요한지에 대해 의문을 가지는 사람도 있을 수 있겠다. 이를테면 '공정성'이나 '능력주의' 같은 머릿속 관념을 논할 게 아니라, 실재하는 경제적 불평등 자체를 바꾸는 데 집중해야 한다는 비판이 있을 수 있다. "문제는 생각이 아니라 현실이야!" 혹은, "문제는 이념이 아니라 경제야!"

얼핏 맞는 말 같아 보인다. 태초에 능력주의가 있어서 거기서 불평등이 비롯한 것은 당연히 아니기 때문이다. 그러면 능력주의나 공정성 담론 같은 걸 논의하는 것은 쓸모없는 짓일까?

물적 토대가 중요하다는 걸 부정할 사람은 없다. 자본주의 사회의 개인은 모두 유물론자다. "서는 데가 바뀌면 풍경도 달라지는 거야"라는 최규석의 만화 《송곳》의 대사도, 결국 '존재가 의식을 결정한다'의 응용판이다. 얼음송곳 같은 이 유물론의 서늘함에 압도된 사람들은 또 얼마나 많았던가. 지금도 많지만 20세기, 19세기엔 더 많았다. 하지만 저 말을 명백한 진리라 여기고 사고를 멈추는 순간, 다시 말해 경제적 현실이 곧바로 인간의 생각과 행동까지 결정한다고 여기는 순간, 문제가 생기기 시작한다.

 이 문제에 있어 가장 과감하고 탁월한 통찰을 보여 준 이 중 하나는 이탈리아의 혁명가 안토니오 그람시였다. 그람시는 자본주의 경제가 발달하면 모순이 격화되어 자동적으로(필연적으로) 혁명이 발발할 거라는 좌파들의 기대가 전혀 현실과 부합하지 않는다는 사실을 잘 알고 있었다. 자본주의가 가장 발전한 영국에서 혁명이 일어나지 않고 오히려 자본주의가 발전하지 못한 러시아에서 공산주의 혁명이 일어난 사실만 봐도 그랬다. 더구나 러시아 혁명 이후에도 다른 서유럽 국가에서 혁명은 일어나지 않았다.

 뛰어난 혁명가가 으레 그러하듯, 그람시 역시 마르크스주의에 교조적으로 매달리지 않았다. 대신에 현실을 통해 이론을 다시 궁리했다. 이토록 착취당하는데 왜 사람들이 들고일어나지 않을까? 지배자들의 탄압이 두려워서? 모든 지배 집단은 아래로부터의 저항이 본격화하면 가혹하게 진압하기 마련이다. 러시아나 다른 나라나 이 점에서 별 차이는 없었다. 그런데 러시아 인민은 혁명으로 나아갔고 다른 나라 인민은 그러지 않았다. 무엇이 그런 차이를 만들었을까?

 그람시는 기존에 존재하던 지배와 저항의 방정식에 뭔가 다른 요소가 들어가야 한다고 생각했다. 그는 지배 집단이 언제나 강압적인 폭력만 사용하지는 않는다는 점, 요식 행위라 할지라도 피지배 집단의 '동의' 과정을 거친다는 점에 주목했다. 그것은 노새에게 채찍을 휘두르다가 가끔 당근도 준다는 의미가 아니라, 피지배자 스스로가 지배의 정당성을 인정하고 기꺼이 받아들인다는 의미다. 동의에 기반한 지배 체제, 그람시 특유의 '헤게모니' 개념은 그렇게 탄생한다.

지배자의 정당성과 피지배자의 동의가 핵심 사안으로 떠올랐다는 것은 곧, 의식이나 이데올로기 또한 중요하게 다뤄져야 함을 의미했다. 물론 최종적 문제, 바꿔야 할 현실이 경제임은 변함이 없다. 하지만 그람시는 계급적 이해를 인식하는 단계에서 이미 이데올로기가 '인식의 틀'로 작동해 버린다는 점을 예리하게 포착한다. 착취와 불평등의 현실 그 자체를 명확히 인식하지 못하고 심지어 '당연한 것'으로 받아들이는데 어떻게 그 현실을 변화시킬 수 있을까? 마찬가지로, 차별적 제도가 존재함에도 차별이라는 인식 자체가 공감대를 형성하지 못하면 제도의 개선은커녕 문제 제기나 공론화조차 힘들 수밖에 없다.

그람시가 문화 같은 '비물질적' 요소를 물적 토대만큼, 때로 그 이상으로 강조했던 이유도 여기에 있다. 이 때문에 '관념론자'나 '사이비 마르크스주의자'라 공격받기도 했지만, 사실 그의 관점은 마르크스나 엥겔스의 것과 크게 다르지 않다. 마르크스와 엥겔스는 '경제적 현실만이 중요하며 이데올로기나 의식은 중요하지 않다' 따위의 주장을 한 적이 한 번도 없다. 그람시는 《옥중수고》에서 이렇게 말한다.

경제는 오직 '최종적인 뜻에서'만 역사의 원천일 뿐이라는 엥겔스의 말을 기억할 필요가 있다(이것은 실천철학에 관한 그의 두 편지에 실린 말이며, 이 편지들은 이탈리아어로도 발행되었다). 이 말은 《정치경제학 비판》 서문에 있는, 인간이 경제 세계에서의 갈등을 의식하는 것은 이념의 수준에서라고 하는 말과 직접적으로 연관되는 것이다.*

그람시가 서술한 이 대목에 대해서 《옥중수고》의 영어판 편역자들(조프리 노웰 스미스 등)은 다음과 같은 보충 설명을 붙여 두었다.

블로흐에게 보내는 편지에서 엥겔스는 다음과 같이 썼다. "역사에 대한 유물론적 견해에 따르자면, 역사에서 결정적인 운동은 궁극적으로 실제 생활의 생산과 재생산이다. 마르크스도 나도 이것 이상으로는 단언한 바가 없다. 따라서 누군가가 이 문장을 왜곡하여, 오직 경제적 운동만이 결정적인 것이라고 해석한다면, 그는 그것을 무의미하고 추상적이며 불합리한 문장으로 바꿔 버리는 것이다." 두 개의 편지는 실상 모두 사이비 마르크스주의 환원론(그람시도 공격한)의 정정을 의도한 것이었다.**

그람시와 마르크스 등을 길게 인용한 것은 그들의 권위에 올라

---

* 안토니오 그람시, 이상훈 옮김(2006), 《옥중수고 I》, 거름, 182쪽.
** 안토니오 그람시(2006), 앞의 책, 같은 쪽.

타기 위해서가 아니다(좌파가 쇠락한 시대에 이들에게 무슨 권위가 남아 있을까). 또한 '공정성'이나 '평등'의 대중적 통념을 반드시 마르크스주의의 입장에서 바라봐야 한다는 뜻도 아니다. 마르크스주의 이론에는 분명 오류가 있다. 하지만 어떤 부분에서는 우리는 여전히 마르크스주의의 통찰을 유용하게 활용할 수 있다.

이데올로기와 문화에 천착한 최종 목적이 혁명이었다는 점에서 그람시는 다른 마르크스주의자와 다르지 않았지만, 정작 그의 비범성은 따로 있다. 헤게모니와 대항 헤게모니 등의 개념을 통해서 그람시는, 마르크스주의 안에 내재되어 있되 괄호 쳐져 있거나 억압되어 있던 '주체(화)'라는 영역에 해방적 활력을 불어넣은 것이다.* 오늘날 개인 각자가 미디어가 되어 자유롭게 떠들어 대는 '표현 대중'의 시대임에도 불구하고, 불평등과 자본 권력의 독점은 갈수록 심각해지는 중이다. 경제적 불평등의 원인을 능력주의라 말하긴 어렵지만, 경제적 불평등을 고착시키는 요소 중 하나가 능력주의임은 분명하다. 능력주의는 평등의 요구 자체를 제거하거나 협소화시킨다. 능력주의의 문제와 안토니오 그람시의 헤게모니론을 다시 들여다볼 이유도 여기에 있다.

---

* 이는 착취의 경제 관계만이 아니라 '권력의 상징적 성격'에 방점을 찍음으로써 '정치적인 것(le politique)'으로 이어질 교량을 제공할 수 있다. 여기서 '정치적인 것'은 내전(內戰)이라는 국면이 제거된 칼 슈미트의 것이 아니라 계급 투쟁을 전제하는 클로드 르포르와 샹탈 무페의 것에 가깝다.

능력주의, 오작동이 문제인가 작동이 문제인가?

최근 능력주의에 대한 비판적 관심이 세계적으로 고조되면서 관련 서적과 논문도 과거에 비해 활발히 생산되고 있다. 그런데 대부분 논의의 결론은 지금 사회가 능력주의여서 문제라는 주장이 아니라, 능력주의가 잘 작동하지 않아서 혹은 충분히 능력주의적이지 않아서 문제라는 뉘앙스다. 더 정확히 말하면, 이들 논의는 '지금 사회가 겉으론 능력주의를 표방하지만, 실제로는 세습주의여서 문제다'라는 주장에 가깝다.

스티븐 J. 맥나미와 로버트 K. 밀러 주니어는 《능력주의는 허구다》*에서 주로 미국 사례를 들어 능력주의 신화가 왜 현실에서 작동하지 않는지 설명하고 있다. 이들은 교육(학교)이 계층 이동의 수단이 아니라 계급 불평등을 공고히 하는 격벽으로 기능하고 있음을 다양한 자료와 근거를 통해 보여 준다. 또한 능력적 요인이 아닌 비능력적 요인, 예컨대 부모의 경제적 자원과 가족의 계층 배경, 부의 세습, 특권의 대물림, 우수한 교육, 사회적 자본과 문화적 자본, 행운, 차별적 특혜, 태어난 시기, 시대적·사회적 상황 등이 개인의 미래에 결정적인 영향을 끼치기 때문에 능력주의는 그저 허울만 있을 뿐 제대로 작동하지 않는다고 말한다. 또 저자들은 "지금의

---

* 스티븐 J. 맥나미·로버트 K. 밀러 주니어, 김현정 옮김(2015), 《능력주의는 허구다 : 21세기에 능력주의는 어떻게 오작동되고 있는가》, 사이.

능력주의 신화는 잘못된 가정을 바탕으로 부유층과 특권층은 칭송하고 저소득층과 빈곤층은 부당하게 비난하는 등 경제적인 측면에서 성공과 실패의 원인을 제대로 설명하지 못하고 있다"라고 비판한다.

로런 A. 리베라의《그들만의 채용 리그》는 보다 구체적인 층위에서 미국의 능력주의가 어떻게 작동하는지를 관찰한다. 저자는 '부모의 경제력이 대학 입시에 큰 영향을 미친다는 것이 여러 연구로 입증된 지금, 그렇다면 명문 대학 졸업 후 세계 최고의 직장을 꿰차게 된 이들은 어떻게 그 경쟁을 뚫고 그럴 수 있었을까?'라는 질문에서 출발한다. 그리고 이를 밝혀내기 위해 소위 저자는 "성삼위일체"라 불리는 세계 최고의 투자 은행, 컨설팅 회사, 로펌을 면밀히 취재하고 그 회사의 면접관들과 구직자들을 심층 인터뷰했다. 저자는 서문에서 이렇게 말한다.

> 이 책의 제목에 쓰인 혈통서pedigree는 엘리트 기업 고용주들이 채용 후보자들의 필수 성취 기록을 지칭할 때 줄임말로 사용하는 용어다. (……) 하지만 요즘도 널리 쓰이는 이 용어의 원래 의미는 노력보다는 유전된 특권, 말 그대로 '가계의 혈통'과 비슷했다. 그런 의미에서 이 용어는, 표면상으로는 개인의 능력만을 근거해 이루어지는 것처럼 보이는 채용 의사 결정이, 사실은 미묘하지만 강력하게 지원자의 사회 경제적 배경에 따라 이루어진다는 이 책의 주장을 연상시킨다. 21세기에 누가 월스트리트에서 일하고, 누가 메인스트리트(금융

중심지 월스트리트에 빗대어 실물 경제의 중심지를 의미함)에서 일하며, 누가 경제 사다리 맨 꼭대기에 도달할지에 결정을 도와주는 것은 부모의 소득과 교육 수준이다.*

저자는 아이비리그 대학에서 초고임금 직종으로 이어지는 과정을 캠퍼스 채용 행사, 서류 전형, 인터뷰에 이르기까지 꼼꼼하게 추적한다. 관찰 결과, 이 채용 절차가 구체적이고 일관된 척도가 아니라 매우 주관적이고 자의적인 그리고 문화적으로 동질적인 잣대에 의해 진행되고 있음을 보여 준다. 회사는 능력에 따라 직원을 뽑지 않았다. "그들은 이력서를 불신했고, 종종 우월한 인지 능력이나 전문적인 기술을 가진 후보자들을 식별하기보다 면대면 인터뷰 동안 경험한 개인적인 편안함, 타당함, 흥분의 감정을 더 높게 평가했다. 많은 측면에서 그들은 사회학자들이 주로 상정하는 합리적인 모델을 닮은 방식보다, 친구나 연인을 선택하는 경우와 더 비슷한 방식으로 채용을 했다."** 이 회사들의 채용 절차는 자의적일 뿐 아니라 인종적·젠더적 편견으로 왜곡되어 있었다는 게 저자의 결론이다.

맥나미·밀러 주니어와 리베라가 연구한 대상은 상이했지만, 그들의 문제의식은 '능력주의의 오작동'으로 수렴한다. 두 책의 결론은 공히 미국 사회에서 능력주의가 실현되지 않는 불평등한 현실을 바

---

* 로런 A. 리베라, 이희령 옮김(2020), 《그들만의 채용 리그》, 지식의 날개, 15쪽.
** 로런 A. 리베라(2020), 앞의 책, 362쪽.

로 잡아야 한다는 것이다. 바꿔 말하면, 본래의 능력주의 그러니까 비능력적 요인에 좌우되지 않고, 철저히 개인의 역량과 경쟁력을 기준으로 자원을 배분하는 쪽으로, 즉 진정한 능력주의로 나아가는 것이 바람직하다는 것이다. 이건 꽤 징후적인 풍경이다. 두 책 모두 마이클 영이 비판한 능력주의 디스토피아에 대해 상세히 소개하면서도, 정작 영이 비판한 바로 그런 사회를 일종의 이상적 상태로 전제하고 있기 때문이다.

영이 그려 낸 '능력주의 유토피아'는 처음엔 매우 공평하고 공정한 시스템처럼 보였지만, 점차 잔혹한 디스토피아로 변해 간다. 능력 피라미드 상층부의 인간은 저능력자들을 노골적으로 경멸하고, 피라미드 아래의 사람들은 경멸당하고 착취당하면서도 저항할 능력조차 상실한 채 고통받는다. 그렇다면 왜 이런 문제의식, 즉, 능력주의 자체가 문제라는 인식은 활발히 논의되지 못했을까?

크게 두 가지 이유가 있는 것 같다. 첫째, 여전히 전근대적 형태의 세습과 상속이 사회에 뿌리 깊게 남아 있어서다. 이런 행태에 맞서기 위한 이데올로기적 무기로 가장 쉽게 등원할 수 있는 것이 능력주의이다. 둘째, 능력주의를 대체할 만한 대안이 합의되지 않아서다. 성과를 어떻게 보상하고 생산된 자원을 어떻게 분배할 것인가 하는 첨예한 문제에 있어서, 여전히 우리는 능력주의가 아닌 다른 대안을 충분히 발전시키지 못했다. 또한 '필요에 따른 분배'라는 사회주의적 대안이 현실 사회주의의 몰락으로 힘을 잃었기 때문에 능력주의가 여전히 맹위를 떨치고 있다고 볼 수 있다.

능력주의와 관련해서, 우리는 일종의 사회적 난독에 빠져 있다. 능력주의와 관련한 대부분의 문제가 실은 능력주의가 아니라 세습주의 또는 지대 추구rent seeking에 불과하다. 그런데 세습주의와 지대 추구를 옹호하는 이들의 절대다수는 자신을 정당화해 주는 논리가 능력주의라고 착각하고 있다. 공기업 정규직화 문제 등이 대표적이다. 공기업은 독과점 상황에 있기 때문에 안정성이 높은 직장일 수밖에 없는데, 이 기업의 정규직은 보수까지 최고 수준이다 보니 사회 전체 차원에서는 매우 예외적인 특권 직군이 되어 버렸다. 반면에 비정규직은 본래 그 취지상 지위가 불안정한 대신 보수가 정규직보다 높아야 마땅함에도 현실에서는 정규직보다 해고도 쉽고 임금도 절반인 직군이 되고 말았다. 능력주의의 핵심 중 하나인 비례의 원칙조차 지켜지지 않는 상황인 것이다.

이렇다 보니, 능력주의 비판은 실제로는 세습 비판이나 지대 추구 비판이 되기 쉽고, 그 결론이 '진정한 능력주의' 추구로 흘러가기 쉽다. 그러나 능력주의라는 문제를 살펴보는 의의는 세습주의 및 지대 추구가 능력주의로 가장하는 것을 폭로하고 바로잡는 것에만 있지 않다. 능력주의 자체도 문제다. 아니, 가장 이상적인 능력주의야말로 민주주의와 인간의 존엄에 가장 큰 위협일 수 있다. 그것은 출생, 부, 재능에 따라 위계적으로 몫을 배분해야 한다는 고대 그리스의 아르케arkhe 논리*로의 회귀와 다름없기 때문이다.

---

* 아르케 논리에 관해서는 다음을 참조하라. 자크 랑시에르, 양창렬 옮김(2013), 《정치

따라서 능력주의를 발본적으로 비판하는 작업은 이중의 과제를 부여받는다. 하나, 능력주의를 가장하는 세습주의와 지대 추구가 왜 능력주의일 수 없는지를 밝혀야 한다. 다른 하나, 이상적 능력주의조차 왜 불평등을 악화시킬 수밖에 없는지를 밝혀야 한다. 첫 번째 작업은 지금 일어나는 현상에 기반한 실증적 분석에 가까울 것이고, 이미 관련 연구들이 많이 나와 있다. 하지만 두 번째 작업은 아직 실현되지 않은 잠재적 현실에 대한 비판에 가깝다. 당연히 추상적이고 이론적일 수밖에 없다. 예컨대 존 롤스는 주어진 재능은 개인에게 속한 것이지만 '각자의 재능이 차이 나는 상황' 자체는 자의적·우연적인 사건이므로 개인은 그 재능의 배분 상황에 대한 자격까지 가질 수는 없다고 말하며 재능에 따른 분배 신조가 정의의 원칙에 우선할 수 없음을 논증한다. 또한 롤스는 노력에 따른 분배에 대해, "노력할 수 있게 해 주는 성격도 대체로 자신의 공로라고 주장할 수 없는 훌륭한 가정이나 사회적 여건에 달려 있기 때문에" 인정될 수 없다고 말한다.*

능력주의에 대한 근본적이고 내재적인 비판은 능력주의라는 사회적 상상이 기반하는 상식들을 해체하는 것에만 머무르지 않는다. 만일 그 비판이 정합적이고 일관적이라면 그것은 결국 차

적인 것의 가장자리에서》, 길, 27쪽(옮긴이 주), 210~219쪽; 자크 랑시에르, 진태원 옮김 (2015), 《불화》, 길, 233~236쪽.

* 이상적 능력주의에 대한 비판과 관련해서는 다음을 참고하라. 존 롤스, 황경식 옮김 (2003), 《정의론》, 이학사, 152~154쪽, 403쪽, 407쪽, 411~412쪽.

별주의에 대한 반대와 평등주의에 대한 정당화로 수렴하게 될 것이다. 알랭 드 보통은 "능력주의 체제에서는 가난이라는 고통에 수치라는 모욕까지 더해진다"고 비판한 바 있다.* 능력주의 시스템을 이대로 유지하는 것은 옳지도 효율적이지도 않다. 극소수 '용'에게 특권을 몰아주면서 용이 되지 못한 이들의 열패감과 억울함을 동력으로 삼는 체제는 이미 한계에 다다랐다. '개천용'이 되지 않더라도 행복하게 살아갈 수 있는 사회로의 전환이 시급하다. 그 사회는 능력주의 그리고 자기 소유권self-ownership의 원리**가 아닌 대안적 자원 배분 원칙을 활발히 고안하고 토론하며 실천하는 공동체일 것이다.

---

* 알랭 드 보통, 정영목 옮김(2005), 《불안》, 이레, 119쪽.
** G. A. Cohen(1995), *Self-Ownership, Freedom and Equality*, Cambridge University Press, pp. 144-164.

차별받는 노동을
정당화하는 능력주의

김혜진
전국불안정노동철폐연대 상임활동가

비정규직 정규직 전환에 반대하는 목소리

문재인 대통령은 2017년 당선 이후 첫 외부 일정으로 인천국제공항을 택했다. 인천국제공항은 전체 노동자의 86%가 비정규직으로, 우리가 비행기를 타기까지 만나게 되는 검색대 노동자, 경비 노동자, 청소 노동자, 탑승교 노동자 모두가 용역 회사 소속이다. 비정규직 노동자들은 인천국제공항이 세계 1위의 서비스 공항으로 인정받기까지 힘을 기울여 일했지만 고용 불안과 저임금 때문에 힘들었던 터라, 정규직 전환을 요구하고 있었다. 문재인 대통령이 인천공항에 방문해서 '공공 부문 비정규직 제로 정책'을 발표한 것은 계속된 노동자들의 요구 때문이기도 했고, 공공 기관이 모든 업무를 외주화하는 것이 타당하지 않다는 사회적 목소리 때문이기도 했다.

그런데 공공 부문 정규직 전환 정책은 뜻밖의 반대에 부딪혔다. 기업을 가진 사람들이나 보수 정당, 혹은 재벌 총수들이 '정규직 전환에 반대'하는 것은 예상 가능한 일이다. 노동자의 권리보다는 '기업의 이윤'을 더 중요하게 여기는 이들이기 때문이다. 그런데 그들이 아니라 정규직 노동자, 그것도 노동조합 조합원들이 반대를 외쳤을 때 많은 이들은 당황했다. '내 이익을 침해하니까 안 돼'라고 했다면 정규직 이기주의라고 쉽게 비판할 수 있겠지만 '공정하지 않다'라고 외치며 반대하는 목소리는 선뜻 비판하기가 어려웠다. 젊은 정규직 노동자들은 정유라의 부정 입학을 질타하며 촛불 정국을 만들었던 그 논리, '공정성'을 정규직 전환 반대 근거로 소환한 것이다.

서울교통공사에서는 정규직 전환 반대 목소리가 공식화되고 세력화했다. 박원순 서울시장은 2017년 7월 '노동 존중 특별시 2단계 발전 계획'을 통해 "서울시 11개 투자 출연 기관에서 일하는 무기계약직을 정규직으로 전환하겠다"는 내용을 발표했다. 그러자 입사 4년 이하 정규직을 중심으로 반대 서명과 반대 1인 시위가 진행되었다. 인천국제공항에서도 마찬가지였다. 2017년 11월 23일에 열린 '인천공항 비정규직 정규직 전환 방안 공청회'에서 정규직들은 "결과의 평등 NO! 기회의 평등 YES!", "무임승차 웬 말이냐! 공정 사회 공개 채용!"이라는 손 피켓을 들었다. 교육부의 정규직 전환 심의 과정에서도 같은 상황이 벌어졌다. 교사 임용 시험을 준비하는 수험생들은 기간제 교사를 정규직 전환 대상에서 제외했다는 언론 기사에, '기간제 교사 정규직화는 정유라와 같은 특혜'라는 댓글을 달았다.

이런 상황을 보면 젊은 정규직 노동자들은 '공정성'을 중요한 가치로 여기는 것처럼 보인다. 하지만 이들은 유사한 시기 고위직의 채용 비리에 대해서는 이와 같은 모습을 보이지 않았다. 그런 점에서 '공정성'을 소환하기는 했으나, 그 핵심 정서는 오히려 '능력주의'인 것 같다. 이들은 안정적인 노동 조건을 누리려면 그에 합당한 '자격'이 필요하다고 간주한다. 그리고 '시험'을 그 '자격'을 검증하는 유일한 잣대로 여긴다. 자신들은 시험을 거쳤기 때문에 능력을 인정받았고, 따라서 안정적인 노동 조건을 누릴 자격이 된다고 생각한다. 그런데 비정규직은 설령 그 자리에서 오랫동안 일해 왔다 하더라도 시험이라는 능력 검증 과정을 거치지 않았기 때문에 정규직이 될 '자격'이 없고, 따라서 정규직으로 전환해서는 안 된다고 주장한다.

이 주장의 합리성 여부와는 별개로, 이런 주장이 평등한 노동을 바라 오던 노동조합에 준 충격은 매우 큰 것이었다. 노동조합은 노동자의 안정적인 노동 조건은 '자격'에 의해 주어지는 것이 아니라 '모든 노동자의 권리'라고 이야기해 왔다. 기업은 언제라도 노동자들을 가르고 위계화하며 그 과정에서 노동자들을 통제하고 권리를 빼앗기 때문에 노동자는 무엇보다 '단결'이 중요하다고 이야기해 왔다. 그런데 이런 가치에 정면으로 도전하는 조합원들이 등장한 것이다. 그들은 다양한 형태로 노동조합에 압력을 행사했다. 1인 시위를 하기도 했고 인터넷 게시판을 댓글로 도배하기도 했고, 각종 토론회 등에서 목소리를 높였고, 심지어 정규직 전환을 반대하는 선전물을 배포하거나 헌법소원을 하기도 했다. 가장 적극적인 방식은 노조를 탈퇴하는 것이었다.

그 과정에서 노동조합은 갈피를 잡지 못한 채 침묵하거나 흔들리거나 비정규직을 배제하는 결정을 내리기도 했다. 2017년 전교조는 '기간제 교사의 즉각적이고 일률적인 정규직 전환에 동의하지 않는다'는 결정을 내림으로써 정규직 전환에 반대하는 노동자들에게 '용기'를 주었고, 이는 그들이 자신감 있게 목소리를 내는 계기가 되었다. 서울대병원처럼 정규직을 계속 설득하면서 정규직-비정규직 공동 파업을 통해 비정규직의 정규직 전환을 이룬 사례도 있었지만 이는 매우 예외적인 것으로 인식되었고, 대부분의 노동조합은 내부에서 이런 문제가 발생하는 것을 꺼리며 침묵하는 경우가 많았다. 이런 능력주의 사고의 등장은 노동조합에도 매우 큰 도전이었다.

노동에서의 능력주의와 저항의 역사

기업은 노동자들의 능력을 중요하게 여길까? 그렇기도 하고 아니기도 하다. 사무직 노동자가 훌륭한 기안을 올리는 것을 좋아하겠지만, 실은 그것이 경영 방침에 어긋나는지 아닌지가 더 중요하다. 제조업에서 불량품을 잘 발견하고 빠르게 수리하는 노동자를 좋아하겠지만 컨베이어벨트의 속도보다 빠른 노동자, 즉 평균보다 빠른 노동자를 좋아하지는 않는다. 어떤 노동자가 능력이 뛰어나도 회사의 통제에 순응하지 않으면 언제라도 온갖 핑계를 대고 내쫓기도 한다. 기업들에게는 때때로 개개인의 능력보다 통제력이 중요하다. 그런데 기업들은 또 '능력'에 대해 자주 언급한다. 능력이 없어서 임금을 더 많이 줄 수 없고, 능력이 없어서 승진시키기 어렵고, 능력이 없어서 해고한다고 말한다. 그런데 그때의 능력을 측정하는 객관적인 기준은 없다. 대부분 기업의 주관적인 기준으로 노동자들의 능력을 나누고 위계화하는 것이다.

기업들은 노동자들을 나누는 것을 매우 중요한 관리 방법으로 여긴다. 그래서 다양한 형태로 노동자들을 위계화한다. 능력주의가 본격화하기 전에는 사회적인 차별이 반영되는 형태로 노동자를 나누었다. 여성들은 생계 부양자가 아니라는 이유로 남성보다 적은 임금을 받았고, 청소년이나 고령자의 경우에도 임금 차별이 정당화되었다. 동일한 업무를 해도 학력이 낮은 경우 임금이 낮게 책정되기도 했다. 사무직과 생산직을 구분하여 생산직은 '공돌이', '공순이'라 불리며 차별당했고, 장시간 노동과 저임금이 당연하게 여겨졌다. 1987년 노동자 대투쟁 이후 노동조합의 투쟁과 노력으로 이런 일들은 점차 정당하지 않은 차별로 인식되었다. 노동자들은 노동조합으로 뭉쳐서 '모든 노동자들의 권리'에 대해 말하기 시작했다.

그런데 1997년 경제 위기 이후 노동자들의 인식에는 큰 변화가 생겼다. 경제 위기를 빌미로 구조 조정이 시작되었지만 노동자들의 집단적 저항은 방패막이가 되지 못했다. 각자도생을 하는 수밖에 없었다. 많은 노동자들이 일터에서 쫓겨났고 거리에 내몰렸다가 다시 비정규직으로 일터에 들어왔다. 2000년대 초반에 경제가 회복되었지만 노동자의 권리는 회복되지 않았다. 언제라도 해고될 수 있는 비정규직이 되었기에 권리를 요구할 수 없었다. 정규직 노동자들은 여전히 노동조합을 중심으로 권리를 찾을 수 있었으나, 권리 바깥으로 밀려난 노동자들과의 격차는 더욱 벌어졌다. 자신의 힘으로 경쟁에서 살아남아야 하며 지금의 이 지위를 유지해야 생존도 가능하다는 두려움은 노동자들 사이에 능력주의가 발호할 토양이 되었다.

능력주의는 집단을 해체하고 개인별 위계가 생기는 것을 가능케 한다. 능력을 판단하는 기준을 기업이 쥐고 있기 때문에 노동자들을 통제하는 것도 훨씬 쉬워진다. 능력주의는 집단의 힘이 소진되고 각자도생의 분위기가 커질 때 쉽게 제도화된다. 그래서 박근혜 정부는 공공 부문에서 성과 연봉제 도입과 저성과자 해고를 주요 정책으로 내놓았다. 공공 부문 노동자들이 열심히 일하지 않기 때문에 개인별 성과에 따라 연봉을 달리 책정하고, 성과가 낮은 노동자를 해고할 수 있어야 공공 부문의 효율성이 커진다고 이야기했다. 이미 민간 영역에서는 연봉제로의 전환, 능력급제의 도입이 일반화되고 있었기 때문에 공공 부문마저 구조 개편을 해야 능력주의가 자리 잡는다고 본 것이다.

공공 부문 노동자들은 즉각 반발했다. 성과 연봉제와 저성과자 해고 정책에서 '성과'를 측정하는 것은 객관적일 수 없고 신뢰하기 어렵다는 것이었다. 실제로 공공 기관 경영 평가가 도입된 이후, 공공 기관들은 고객 만족도를 조작하기도 하고, 개인에 대한 성과 평가의 경우 얼마나 순응적인지에 따라 성과가 달라지기도 하는 등 성과 평가에 대한 문제가 많이 제기된 상황이었다. 특히 저성과자 해고는 KT에서 민주노조 활동을 한 노동자들에 대한 탄압의 수단으로 활용된 바 있었고, 매우 모욕적이고 인권 침해적인 방식으로 진행되었기에 반발도 컸다. 공공 기관에서 '성과'를 중심으로 판단하는 것이 맞는지, 그 성과의 기준은 과연 정당한지, 공공 부문의 업무 특성상 합력하여 일할 부분이 많은데 개인별 평가를 하는 것이 맞는지 등 여러 비판을 제기하며 투쟁했고, 문재인 정부가 들어선 이후 이 지침은 폐기되었다.

그런데 이것이 곧 능력주의 이데올로기가 더 이상 작동하지 않는다는 것을 의미하지는 않았다. 앞서 이야기했듯이 젊은 정규직 노동자들을 중심으로 '공정성'이라는 이름의 능력주의가 등장했다.

이들은 자신들이 이미 능력을 검증받아서 안정적인 노동 조건을 누리고 있다는 점에서 자신을 평가받는 대상에 놓지 않았다. 초·중·고등학교 시절부터 시험으로 사람을 평가하는 과정을 거쳐 왔기에 그들 안에는 시험에 대한 맹신도 자리 잡고 있었다. 시험은 개별의 능력을 평가하지만 결과로 보면 '합격 집단'과 '불합격 집단'이 있는 집단적 성격을 갖고 있기에, 자신이 능력 있는 집단에 속해 있다는 안도감도 가질 수 있다는 점에서 이러한 사고 방식은 빠르게 뿌리내렸다. 신자유주의 경쟁 이데올로기가 새로운 형태가 되어 자리 잡은 것이다.

노동에서의 집단적 능력주의 정책

정부도 능력주의 정책을 포기한 것이 아니다. 다만, 성과급제나 저성과자 해고라는 개별 능력주의 정책 대신 노동자를 집단적으로 분할하고 위계화하는 정책으로 바꾼 것이다. 비정규직은 자격과 능력이 없기 때문에 시혜의 대상이며 권리의 주체가 아니라는 정부의 인식이 공공 부문 정규직 전환 정책을 왜곡되게 만들었다. KTX 승무원은 현재 비정규직이다. 핵심 업무인 안전 업무를 하게 되면 정규직으로 전환시켜야 하기 때문에 코레일은 승무원이 '안내 업무'만 한다고 주장했다. 그래서 승무원에게 안전교육도 제대로 시키지 않고 안전에 대한 권한도 주지 않았다. 그 피해는 결국 승객들에게 돌아간다. 공공 부문의 정규직 전환은 왜곡된 고용 구조를 바꾸기 위한 것이었으나, 정부는 이것을 시혜로 만들어 비정규직 노동자들의 목소리를 배제했다.

그 결과 정부의 정규직 전환 정책은 노동자들의 위계를 바꾸지 못했다. 공공 기관은 정규직 전환이라고 하면서 무기 계약직이라는 별도의 직군을 만들어서 임금과 노동 조건을 하락시켰다. 중앙 행정 기관이나 지자체는 공무원으로 전환하지 못하더라도 공무직으로 전환한 노동자 업무의 독립성을 인정해야 하는데, 여전히 공무직은 하위 직군으로 간주되고 있다. 또한 자회사를 만들어서 간접 고용을 유지한 사례들도 있다. 노동자들이 '용역 자회사'라고 자조 섞인 표현을 쓸 만큼 노동 조건도 개선되지 않았다. 결국 정규직 전환을 한다면서도 '시험을 보지 않았다'는 이유로 지금까지 일해 온 노동자들을 하위 위계에 두어 차별하고 있는 것이다.

'시험'은 능력을 보증하지 않는다. 국민건강보험공단 고객센터 노동자들은 비정규직으로 일하고 있다. 건강보험과 관련한 모든 전화 문의는 고객센터로 온다. 노동자들은 건강보험과 관련한 모든 정보를 알고 있어야 하며, 민원인이 요구하는 모든 민원을 처리해야 한다. 이들이 하는 업무는 정규직과 비교해 봐도 훨씬 더 광범위하고 깊이 있다. 오랜 경험과 숙련을 가진 이들이 이 업무를 처리하지만 이들은 단지 '시험'을 보지 않았다는 이유로 능력을 의심받는다. 이들이 이곳에서 일하고 있다는 사실, 그 자체가 이미 능력을 보여 주고 있는 것이다. 정규직과 다른 업무를 하더라도 고객센터의 업무가 독립적이며 필요한 업무라는 사실을 인정해야 하는데 국민건강보험공단은 그것을 인정하지 않고 있다. 기간제 교사들도 계속 계약을 갱신해야 하기 때문에 제대로 가르치지 못하면 오래 일할 수 없다. 그런데도 능력을 의심받는다.

　시험은 능력을 제대로 검증해 주는 것이 아니고, 게다가 한 번의 시험이 지속적인 차별을 정당화할 근거가 되지도 못한다. 코레일에서 매표 업무를 하는 자회사 코레일네트웍스 노동자들과 동일한 업무를 하는 정규직 역무원의 차별은 지속된다. 설령 정규직의 노동조건이 더 나은 것을 인정한다손 치더라도, 비정규직 임금이 정규직의 절반밖에 안 되는 것은 정당한가. 게다가 근속이 길어질수록 격차는 더 확대되고 있다. 입직 통로의 차이를 인정한다 하더라도 평생에 걸쳐 격차가 벌어지는 이 현실은 과연 정당한가. 이러한 격차의 확대를 설명할 정당한 근거는 과연 있는가. 이 점에 대해서 능력주의는 답을 할 수 없다.

　능력주의의 근거가 되는 시험 자체의 공정성에도 의문이 있을 수밖에 없다. 이미 많은 노동자들은 이 세상이 불공정하다고 생각한다. 흔히 말하는 '수저론'은 젊은 노동자들이 능력주의의 한계를 잘 알고 있다는 것을 보여 준다. 점차로 공개 채용 규모가 줄어들고 있다. 경쟁은 더 치열해진다. 사회가 더 불안정해질수록 안정적인 노동 조건에서 일하고 싶어 하는 이들이 많아지기 때문에 시험에 매달리는 사람들이 더 많아질 수밖에 없다. 그럴 때 안정적으로 시험공부를 할 수 있는 조건에 있는 사람과 그런 조건이 되지 않는 사람들 간의 경쟁이 과연 공정할 수 있겠는가. 그런 점에서 '시험'을 매개로 한 능력주의에 대해 의문이 제기될 수밖에 없다.

그래서 노동에서의 능력주의는 단지 '시험'만으로 완성되지 않는다. 능력주의는 '직무급제'라는 형태로 이어진다. 그 사람이 어떤 직무에서 일을 하는지가 그 사람의 능력을 판단해 주는 지표가 되는 것이다. 지금도 그런 능력주의 요소가 있다. 병원을 예로 들면 의사와 간호사, 의료 인력과 비의료 인력 사이에 격차가 있고 이는 당연한 것으로 간주된다. 그래서 승진과 승급, 임금 체계를 달리 구성하는 경우가 많다. 그런데 지금 직무급제는 여기에 더해 직무에 따라 고용 형태를 세분화하고 위계를 만든다. 어떤 직무는 시험을 통해 정규직으로 채용하고, 그보다 하위 위계의 직무는 면접을 통해 무기 계약직으로 채용하는 등 시험과 직구와 고용 형태를 연계하면 그러한 능력주의 구조는 사회적으로 쉽게 용인된다.

우리 사회에서 어떤 이들은 여성이라는 이유로 남성보다 훨씬 적은 임금을 받고, 노동 조건에서 차별을 당한다. 이런 경우를 차별이라고 말하고 개선을 위해 노력하는 것은 당연하다고 여겨진다. 그런데 여성이라는 이유로 차별을 받으면 문제가 되지만, 직무에 따른 차별은 잘 문제가 되지 못한다. 예를 들면, 여성이 주로 하는 직종인 돌봄 노동은 그 가치를 사회적으로 잘 인정받지 못한다. 이때 돌봄 노동을 하는 여성 노동자가 받는 차별은 '여성이어서'가 아니라 사회적 가치가 낮은 일을 하니까 받는 대우로 간주된다. 즉 차별이 합리화되는 것이다. 이런 구조에서는 차별이 마치 '차이'인 것처럼 인식되고, 차별의 책임도 개인에게 전가된다. '네가 능력을 키워서 더 좋은 자리에 가면 된다'는 식으로 말이다.

두려움과 체념이 만날 때 능력주의는 고착된다

권리가 왜 '자격'을 요구하는 것이 되었을까? 본래 권리는 다수성을 전제로 한다. 권리로부터 배제되는 노동자들이 많아지면 권리는 보편성을 잃고 특권으로 인식된다. 누구라도 안정적으로 일할 권리가 있다. 이것이 보편적인 권리의 원칙이다. 하지만 1997년 경제 위기 이후 안정적인 노동은 일부 노동자들만의 특권이 되었다. 2017년 한국경제연구원이 고용노동부의 〈고용형태별 근로실태조사〉를 분석한 결과에 의하면 최근 5년간 늘어난 일자리 272만 개 중 300인 이상 사업장이며 연봉 3000만 원 이상인 정규직의 비중은 8%에 불과했다. 전체 노동자의 절반이 비정규직이고, 심지어 노동자로도 인정받지 못한 특수 고용이 많아지면서 안정적으로 일할 권리는 훼손되었다. 그러다 보니 권리를 인정받는 노동자는 소수가 되고, 그 소수의 권리 보장이 마치 '자격'과 '능력' 때문에 가능한 것처럼 인식된 것이다.

점차로 좋은 일자리가 사라지고 좋은 일자리에 들어갈 방법이 없어지면 노동자들은 시험에 매달리게 된다. 이미 학생 때부터 경쟁을 당연하게 겪으며 살아왔기에 오로지 시험을 통해서만 자신의 삶이 바뀔 수 있다고 생각하게 된다. 청년 정규직이 '공정성'을 이야기하는 것은 우리 사회가 공정하다고 믿어서가 아니다. 사회가 불공정하기 때문에 자신처럼 가진 것이 없는 사람은 시험을 통해서만 안정적인 일자리를 얻을 수 있다고 생각하기 때문에 매달리는 것이다. 이 시험마저 의미가 없어지면 평범한 사람에게는 그 어떤 기회도 주어지지 않을 것이라는 불안감, 자신이 노력하고 고생한 것이 아무것도 아닌 것이 될 수 있다는 불안감이 비정규직 노동자의 정규직 전환을 격렬하게 반대하도록 만드는 요인이다.

능력주의가 유지되려면 경쟁이 필수적이다. 잘한 이들에겐 칭찬을 하거나 인센티브를 주고, 경쟁에서 뒤처진 이들을 격려하는 경쟁도 있을 수 있다. 그런데 노동에서의 경쟁은 잘한 이들에게는 누구나 누려야 하는 보편적 권리를 마치 그들에게만 주는 것처럼 보장해 주고, 경쟁에서 뒤처진 이들은 생존 자체가 어렵도록 만든다. 지금도 경쟁에서 뒤처진 이들은 불안정한 노동과 미래가 없는 노동에 시달린다. 지속적인 차별에 분노가 쌓이지만 이 사회는 그 책임을 개인에게 돌리기 때문에 그 분노는 사회적 분노로 발전하기 어렵다. 이런 경쟁은 합리적이지도 않고 정당하지도 않다. 그런데도 노동자들이 이 경쟁에서 벗어나지 못하는 이유는 경쟁에서 뒤처지면 곧바로 생존이 불안해지기 때문이다.

특히 이 경쟁의 사다리는 매우 불완전하다. 한 번 경쟁에서 이겼다고 해서 안정적인 삶이 보장되는 것은 아니다. 정규직이라고 해도 언제라도 구조 조정에 의해 희생될 수 있다. 1997년 IMF 사태 당시, 현대자동차에서 강제로 정리 해고를 실시했던 것은 노동자들에게 언제라도 지금의 처지에서 몰락할 수 있다는 것을 체화시키기 위해서였다. 그래서 노동자들은 당장의 경쟁에서 이겼다 하더라도 그 지위를 유지하기 위해서 사다리를 걷어차거나 고용의 안전판을 만들려고 하게 된다. 기업들은 언제라도 자신이 원하는 방식으로 위계를 뒤바꾼다. 한때는 자격증을 가진 시설 관리 업무가 중요한 업무였지만 지금은 경쟁력이 낮은 업무, 사회적 가치가 낮게 평가되는 업무가 된 것처럼, 기업들은 언제라도 업무의 위계를 바꾸고 노동자들의 처지도 바꿀 수 있다. 노동자들은 이 사다리가 매우 불안전하다는 것을 알기에 더욱 기업에 종속된다.

문제는 낮은 위계의 노동자들도 이 위계를 승인한다는 점이다. 자신의 노동 조건에 대해 '나는 공부를 열심히 하지 않았으니까'라고 자조하거나, 지금의 업무는 잠시 머무는 곳에 불과하다고 자위하기도 한다. 현실을 바꾸기 어렵다고 생각하면 자신이 느끼는 불평등을 수용하기도 한다. 노동자들은 불안정한 상황에서도 열심히 일하고 노력하지만 그 노력 자체가 사회적으로 인정되는 것이 아니기 때문에 자신의 가치를 스스로 존중하기 어렵게 된다. 계속 차별을 받으면 무력감도 증가한다. 그래서 정규직 전환 요구를 하면서도 '나는 시험을 보지 않았으니까' 생각하면서 고용만 안정되면 된다 생각해 차별을 받아들이기도 한다. 능력주의는 노동자들이 자신의 권리를 요구하는 것을 가로막는다.

평등한 노동은 가능한가?

능력주의에서 벗어나 평등한 노동이 가능하려면, 노동자들의 '권리'에 대한 이해가 분명해야 한다. 노동자의 권리는 보편적인 것이다. 안정적인 일자리에서 생활할 만한 임금을 받고 안전하게 일하고 휴식을 누리는 것, 자율성과 협력이 조화를 이루는 일터는 모든 노동자의 권리여야 한다. 경쟁에서 밀려나면 '인간다운 삶의 권리'나 '안정적인 노동의 권리'를 양도한다는 합의란 있을 수도 없다. 노동자의 권리는 헌법에 보장된 것이며, 어떤 논리로도, 어떤 근거로도 그 권리의 훼손이 정당화될 수는 없다. 그러하기에 기업과 정부가 일방적으로 결정하여 추진하는 능력주의 정책에 순응할 의무도 없다. 능력주의는 '합리성을 가장한 차별'이며 '권리의 훼손'임을 분명히 해야 한다.

그 권리는 아래를 끌어올림으로써 보장될 수 있다. 정부와 기업 모두 '노동의 양극화'가 우려된다고 이야기한다. 하지만 정부와 기업은 언제나 '위를 끌어내리고자 할 때' 양극화를 언급한다. 그런데 문제의 핵심이 '양극화'가 아니라 권리의 훼손이라면 당연히 훼손된 권리를 제대로 보장하는 것에서부터 대안을 찾을 수밖에 없다. 아래를 끌어올리기 위해서는 최저 임금을 대폭 인상하는 것, 상시 업무에서는 비정규직을 사용하지 않도록 원칙을 정립하고 비정규직의 정규직 전환을 위한 기획을 마련하는 것 그리고 노동조합을 할 권리를 보장함으로써 모든 노동자들이 자신의 권리를 스스로 찾을 수 있도록 하는 것 등이 있을 것이다. 인간다운 최소한의 삶이 유지될 때 노동자들도 경쟁 논리에서 벗어날 수 있다.

능력주의에서 벗어나기 위해서는 '모든 업무는 연결되어 있다'는 것을 이해해야 한다. 병원은 '환자의 치료와 회복'이라는 목적을 갖는다. 그런데 이런 목적을 실현하려면 의사와 간호사만이 아니라 조무사, 급식 노동자, 전기실과 보일러실에서 일하는 노동자, 환자 이송을 담당하고 청소를 하는 노동자 등 모든 노동자의 힘이 필요하다. 이 모든 노동은 '환자의 치료와 회복'이라는 목적하에 서로 연결되어 있으며 모두가 필요한 일이다. 이 속에서 무엇이 중요하고, 무엇이 핵심적인지가 중요한 것이 아니다. '필요한 업무인가 아닌가'가 더 중요하다. 필요한 일을 하는 모든 사람이 권리에 있어 동등하고 서로 협력할 수 있어야 그 목적이 실현될 수 있기에, 노동자들을 위계화하고 분절하는 것은 정당하지 않다는 것을 생각해야 한다.

특히 노동의 직무 위계에는 사회적 차별과 왜곡된 인식이 반영되어 있다. 사회 서비스는 사회가 발전하면서 새롭게 확장된 일자리이다. 노인 장기 요양 보험 제도가 만들어지면서 요양 보호사라는 직업이 생겼다. 정부의 정책으로 마련된 공적 일자리이지만 이 일자리는 처음 만들어질 때부터 매우 낮은 임금으로 시장에서 경쟁하는 방식으로 만들어졌다. 노인을 돌보는 것은 여성의 업무이며 별도의 전문적인 역량이 필요하지 않다는 사회적 인식이, 비용을 줄이려는 정부의 정책과 만났기 때문이다. 지금도 많은 요양 보호사들이 공부를 하고 직무 연수를 통해 자신의 전문성을 높이려 노력하고, 공적인 서비스를 제공하는 사람으로서 사회적 역할을 다하기 위해 노력하지만 저임금과 불안정 노동이라는 구조는 쉽게 바뀌지 않는다. 이와 같은 직무 위계를 당연한 것으로 인정하지 않고, 모든 업무가 존중받을 수 있도록 만들어야 한다.

평등한 노동이 가능하려면 노동자들의 집단적 힘이 필요하다. 능력주의는 본질적으로 노동자들을 파편화하고 경쟁시킨다. 그런데 노동자들은 경쟁에 뛰어드는 순간, 누가 이 경쟁을 만들었는지는 잊게 되고 서로에 대해 적대적으로 된다. 그러므로 각각이 경쟁해서 살아남는 것이 아니라 함께 싸워 모두의 권리를 찾아야 한다. 그것을 가능하게 하는 것이 노동자들의 집단적 힘이다. 최근에는 능력주의의 발호 등으로 노동조합의 존재 가치가 흔들리고 있지만, 여전히 '단결'의 정신을 지키고 '함께 살기 위해' 애쓰는 노동조합들도 있다. 꼭 노동조합이 아니더라도 '내'가 아닌 '모두'의 권리를 위한 모든 모임은 그 자체로 의미가 있다. '스펙보다 데모를!'이야말로 능력주의 시대에 필요한 구호이다.

그런데 능력주의를 극복하고 평등한 노동을 만드는 길은 '노동문제'에 대한 대응만으로 해결되지 않는다. 사회적 차별이 노동에도 작동하여 능력주의를 구성하는 것처럼, 사회적 차별을 없애기 위해 함께 노력하지 않는다면 노동에서의 평등도 쉽게 구현되지 않는다. 우리 사회가 평등한 공동체를 구성하며, 누군가의 성별이나 연령, 성적 지향 등으로 차별하지 않는다면 당연히 노동에서도 능력주의가 설 땅이 없어진다. 평등한 사회를 꿈꿀 때 평등한 노동도 가능해진다. 그렇기 때문에 '권리를 위해' 싸우는 노동자들은 더 많은 평등을 위해 싸우는 소수자들과 연대하고 사회를 바꿀 비전을 가져야 할 것이다.

우리는 함께 사는 방법을 찾아야 한다. 경쟁이 아니라 협력의 가능성을 열어야 한다. 모든 노동은 연결되어 있다. 한 사업장의 업무는 그곳에서 일하는 모든 노동자의 노력과 소통을 통해서 완성되고 그 일의 결과로 목적을 달성한다. 사회에서의 평등이 일터에서의 평등을 만들고, 일터에서의 평등이 사회에서의 평등을 밀어 나갈 힘이라는 것을 믿고 연대하자. 노동자가 서로에게 경쟁 상대가 아니라 서로가 서로에게 도움이 되는 관계로 발전할 수 있을 때, 그리고 우리 모두가 권리의 주체가 될 수 있을 때 우리의 삶, 우리의 미래는 더 나아질 수 있다는 것을 믿자. 함께 행복해지기를 두려워하지 말자.

의사들의 엘리트주의 그리고 어긋난 정의

김혜경·문종완
페이스북 페이지 '다른 생각을 가진 의대생/전공의' 운영진

수도권 의과 대학에 재학 중인 의대생 A는 일반고를 졸업하여 수시 전형으로 의대에 합격했다. A의 고등학교 생활기록부는 30장에 육박한다. 그는 고등학교 1학년 때부터 매년 반장을 맡았고, 수학 심화반에 우선 선발되어 특별 관리를 받았다. 교과 우수상, 경시대회 수상, 토론대회 수상 등 수상 기록은 60개에 이르고 독서 기록과 과목별 세부 특기 사항은 지면이 답답할 정도로 빽빽하다.

A는 지금 이 글을 쓰는 나다. 재수 없는 자기 자랑을 하려는 것이 아니라, 부끄러운 자기 고백이다. 학교는 학생들을 더 좋은 대학에 보내기 위해, 소위 '될 놈'인 공부 잘하는 학생들의 학교생활기록부에만 관심을 쏟는다. 대부분의 우리나라 고등학교에서는 성적이 높은 학생에게 갖은 혜택(성적이 높은 학생이 수상하기 좋은 구조의 교내 대회, 표창장, 상위권 학생을 은근히 반장으로 추천하는 것, 교내 열람실 우선 이용 등)을 몰아주는 것을 당연한 것으로 여기고, 우리 학교도 예외는 아니었다. 제도권 교육에서 어릴 때부터 '능력주의'를 학습한 학생들은 이러한 특혜를 차별이라고 인식하지 못한다. 그저 '공부를 잘한 사람이 좋은 대우를 받는 게 공정한 것이다', '억울하면 성적을 잘 받자'라고 생각할 뿐이다. 그렇게 최상위권 학생들은 제도권 교육이 부여한 특혜를 당연한 권리라고 인식한 채 3년을 지낸다.

의과 대학은 고교 시절을 이렇게 보내 왔던 사람들이 모인 곳이다. 2020년 8월, 의대 정원 확대와 공공 의대 설립 등의 정책에 반대하며 서울 여의도 거리에 나선 젊은 의사들은 능력주의 이데올로기가 지배하는 한국 사회에서 제도권 교육에 의해 승인된 특권층의 구성원이었다. 최소한 이들은 고등학교 이후로는 특권층에서 이탈한 적이 없다.

이들의 이러한 삶의 궤적에 주목하면, 이들이 왜 일반 시민들의 공감을 끌어내는 데 실패한 투쟁을 기를 쓰고 지속했는지 어느 정도 이해할 수 있게 된다. 특히 의대생들의 투쟁 동력은 두 가지였다.

바로 입시에서부터 의대와 병원 생활까지 이어지는 다단계의 자기 검증을 거친 이들 간에 공유하는 엘리트 의식, 그리고 능력주의 이데올로기를 거스르는 '공공성'이라는 이름의 '불공정'에 대한 강렬한 분노이다.

엘리트주의의 조기 체화 : 입시 경쟁

한국의 고등학교는 흡사 계급 사회와 같다. 학생들을 하나의 기준으로 줄 세운 후 석차 구간을 나누어 '등급'을 부여하는데, 이것이 일종의 계급으로 작용한다.

비슷한 성적의 학생들끼리 하나의 성적권을 형성하고, 다른 성적권 학생들 간의 계층 이동은 거의 없다. 내신 등급이 마치 계급처럼 고착되는 것이다. 이 계급은 '상위권', '중하위권' 등의 커다란 묶음으로 구분되기도 하고, '전교권', '2등급 경쟁권'처럼 더 좁은 구간으로 세분화되기도 한다. '천상계', '인간계', '지하세계'와 같이 노골적으로 차별 의식을 드러내는 은어로 표현되기도 한다.

특정 학생들이 학교가 제공하는 편의와 지원을 독점한다면 그들은 반박의 여지가 없이 '특권층'이다. 능력주의 이데올로기는 이들의 특권을 정당화하고 계급을 공고히 한다. 더 나아가 모두가 특권과 계급의 존재 자체를 망각하고 이에 대한 문제를 제기할 수도 없게 만든다.

오로지 하나의 기준으로 촘촘히 줄 세워진 학생들 사이에서 의대에 입학할 정도의 성적을 내는 학생들은 단연 서열의 최정점에 있다. 이들은 다른 학생들은 3년 동안 한 번도 받지 못할 특혜를 일상적으로 누린다. 성적 구간별로 학생을 나누어 분반을 구성하고, 유명 강사의 학원 수업은 1등급 학생들만 참여하게 해 주는 경우가 대부분이며, 인기 있는 교내 학술 동아리는 성적을 기준으로 학생을 선발한다. 그렇게 들어간 분반, 학원, 동아리 안에서 자신과 비슷한 수준의 특권을 누린 학생들과만 어울리며, 특권에 둔감해지고 계급의 존재를 부정하게 된다.

의대생들의 폐쇄적 세계관은 그들이 긴 시간 동안 의과 대학에 갇혀서 공부만 하는 것 때문이 아니다. 입학 전부터 이들은 계급적 엘리트주의를 학습했다. 보통의 엘리트도 아니고 공교육 제도 내에서 최상위 1%임을 공인받아 온갖 귀족적 혜택을 누려 온 '파워 엘리트'다. 그 외에는 이들이 처음으로 서로 만나게 되는 대학 신입생 환영회에서부터 나타나는 집단 자아 도취 상태(소위 '의뽕'*이라고 불린다)를 설명할 방법이 없다.

---

* 의(醫)와 뽕(마약의 일종인 필로폰을 의미하는 속어)의 합성어이다. 의사 사회에 진입하면서 무의식적으로 갖게 되는 우월감을 의미한다.

끊임없는 자기 검증을 통한 집단 정체성 강화

이미 엘리트로서의 혜택에 익숙한 삶을 살아온 이들은 의사 사회 안에서 엘리트 의식을 더 공고히 다진다. 의과 대학의 학습량은 굉장히 살인적이다. 특히 공부량이 많은 본과 1, 2학년의 경우 아침 8시부터 저녁 6시까지 쉬지 않고 수업을 듣는 일정이 매일 이어지고, 이번 주에 공부한 내용을 다음 주에 시험 보는 것이 자연스러울 정도다. 의과 대학을 졸업하면 열악한 노동 환경으로 악명이 높은 전공의 생활이 시작된다. 〈전공의의 수련환경 개선 및 지위 향상을 위한 법률〉 제정으로 주 80시간*이라는 기준이 생겼지만, 여전히 주 80시간 이상 일하는 경우도 비일비재하며 주 1회 이상 야간 당직을 서는 등 고강도의 노동을 하고 있다.

대학 입학과 동시에 스펙 관리를 하는 일반 대학생들의 고충을 공감해 본 적이 없는 이들은, 자신이 겪은 힘난한 과정만을 과대평가하여 일종의 자부심을 느낀다. '나는 이렇게 죽도록 고생했고, 이런 고생을 해 보지 않은 사람들보다 유능한 사람이야'라고 생각하기 일쑤다. 6년의 의대 공부와 4~5년의 전공의 수련이 다단계로 구성된 '능력' 검증 과정으로 작용하는 것이다. 반복적인 자기 검증의 경험은 연속적으로 자기 고양을 일으킨다.

---

* 이에 비해, 〈근로기준법〉상의 법정 근로 시간은 주 40시간이고 연장 근로를 더해도 주 52시간이다.

이런 고난의 경험을 구성원 모두가 공유하게 되면 개인적 자기 고양의 경험이 집단 정체성이 된다. '나 혼자' 힘들었다는 경험은 개인의 문제로 치부될 여지가 있지만 '우리'가 고생한 경험은 누가 봐도 객관적으로 힘들고 보상받아 마땅한 일로 여겨진다. 공통의 경험을 통해 공고해진 집단의식은 외부자의 사소한 관심조차도 엄격하게 배척한다. 정치권이나 공무원들을 향해 '관료들이 뭘 안다고 의료 체계에 손을 대냐'라고 하는 것도 이런 완고한 집단 정체성의 발현이다. '우리'의 일은 '우리'만 이해할 수 있다는 인식은 사회 구성원 전반과 의사 집단의 견해가 다르더라도 의사 집단이 자기 입장을 끈질기게 고수할 수 있는 내적 동력이 된다.

의사의 역할을 너무나도 강조한 나머지 자신의 논리에 지나친 권위를 부여하고, 다른 이들이 쉽게 공감할 수 없는 내용의 비상식적 주장도 내부적으로는 강력한 지지를 얻어 의사와 의대생 사이에서 하나의 이데올로기로 굳어진다. 대표적인 사례가 바로 '공공 의대 게이트' 논란이다.

'공공 의대 게이트'라는 음모론

8월 30일 의대생들은 조직적으로 "공공 의대 게이트"를 포털 사이트 검색어 순위에 올렸다. 검색어에 올리는 시간대와 방법이 자세히 적힌 글이 각 의대 단톡방에 공유되었고, 일부 학생들은 매크

로를 활용하여 검색 순위를 높이는 방법도 공유했다.

이들이 이렇게까지 열심히 알리고자 했던 공공 의대 게이트란 도대체 무엇일까? 핵심 내용은 공공 의대는 비리의 온상이며, 이대로 진행된다면 더 많은 비리와 불공정을 양산하리라는 것이다. 특히 이들이 집중했던 부분은 신입생을 시민단체가 추천하여 선발한다는 것이었다.* 추천제로 하면 추천위원회를 구성하는 시민단체와 연줄이 있는 학생들이 불공정한 방법으로 의대에 입학하여, 시험을 치고 들어온 학생들보다 실력 없는 의사가 될 것이라는 주장이다. 그러나 이 주장은 일단 공격 대상부터 잘못되었다. 국회에 발의된 공공 의대 법안 중 어느 법안에도 시민단체가 학생을 추천한다는 내용이 없다.** 논란이 되었던 시민단체 추천은 공공 의료라는 취지에 맞게 의료인을 양성하기 위해 고려해 볼 수 있는 하나의 안으로 보건복지부가 예시를 든 것뿐이었다. 즉 공공 의대 게이트는 전형적인 가짜 뉴스에 기반한 허수아비 때리기 오류이다.***

---

* 공공 의대 학생 선발 과정을 둘러싸고 공정성 논란이 불거지자 보건복지부는 8월 24일 공식 블로그를 통해 '후보 학생 추천은 전문가·시민사회단체 관계자 등이 참여하는 중립적인 시·도 추천위원회를 구성'해서 객관적으로 선발할 것이라는 입장을 밝혔다. 하지만 '시민사회단체'라는 예시로 인해 오히려 논란은 심화되었다.
** 현재 국회에는 '국립공공보건의료대학 설립 및 운영예 관한 법률안'(이용호 의원 대표 발의), '국립공공보건의료대학 설립·운영에 관한 법률안'(김성주 의원 대표 발의) 2건의 공공 의대 관련 법안이 발의되어 있다. 두 법안 어느 곳에도 신입생 선발에 시민단체가 관여한다는 내용이 없다.
*** 페이스북 페이지 '다른 생각을 가진 의대생/전공의'에 공공 의대 게이트에 대한 더 자세한 팩트 체크를 게시했으니, 관심 있다면 확인해 보길 바란다.

능력주의적 경쟁의 승자인 의대생들은 '추천'이라는 단어를 그저 자신들이 노력과 재능으로 얻어 낸 '정당한 특권'을 해체하려는 불공정으로만 바라보았다. 능력주의는 의대생들 사이에서 하나의 이데올로기로 작용하여, 정확한 사실 확인 없이 정부 정책을 편향적으로 해석하는 동력이 되었다. 공공 의대 게이트 음모론의 확산이야말로 능력주의에 물든 엘리트가 사회에 미치는 반동적인 영향의 전형적인 사례라 할 만하다. 이 음모론은 공정에 민감한 2030 세대를 자극하여, 공공 의대가 불공정한 정책이며 의료의 질을 떨어뜨릴 것이라는 주장을 받아들이게 하는 데 일조했다.

물론 공공 의대 설립만으로 우리나라의 공공 의료를 일거에 개선할 수는 없다. 지방 의료원 시설 개선, 공공 의료 거버넌스 구축 등 다른 정책도 수반되어야 한다. 그렇지만 공공 의대만으로는 공공의료를 살릴 수 없다는 주장과 공공 의대 자체가 무용하다는 주장은 다르다. 만약 정책에 문제가 있다면 더 나은 대안이나 보완책을 내놓는 것이 바람직하다. '포기당한 공공 의료의 꿈'*이라는 피켓을 들려면 적어도 의대생들이 꿈꾸는 공공 의료가 어떤 것인지라도 제시했어야 했다. 무작정 공공 의대 정책의 전면 철회만을 요

---

* '대한 의과대학·의학전문대학원 학생협회'에서 정부를 비판하기 위해 제작한 홍보물에는 "생색내기용 정책에 포기당한 공공 의료의 꿈"이라는 문구가 들어가 있다. 이 홍보물에는 정부가 코로나19 방역에 애쓰고 있는 의료진을 격려하기 위해 진행했던 '덕분에 챌린지'의 손 모양을 뒤집은, 엄지를 세운 손을 아래로 향한 '덕분이라며' 그림이 들어가 있어 한국농아인협회로부터 "엉터리 수어를 상징으로 사용하는 것은 '수어에 대한 모독'"이라며 질타받기도 했다.

구하는 의대생들의 모습은 오히려 시민들이 공공 의료에 대해 공감대와 합의를 형성하는 데에 방해가 되었다.

의료의 공공적 성격을 거부하는 의사들

의사들이 공공 의대 등 공공 의료 정책에 반대한 것은 (사실은 있지도 않은) 신입생 선발 부정에 대한 분노 때문만이 아니다. 의사들은 전부터도 공공 의대 설립과 지역 의사제를 반대했는데, 그 이유를 몇 가지 나열해 보면 아래와 같다.

- 공공 의대는 교육의 질이 떨어지기 때문에 실력 없는 의사를 양성할 것이다.
- 지역 의사를 의무적으로 지역에서 복무시키는 것은 거주지 이전 자유의 침해이다.
- 지방에 의사가 없는 것은 의사 수가 부족해서가 아니라 지방에서 일할 유인이 없기 때문이다.
- 의무 복무 기간을 끝낸 지역 의사는 결국 서울로 올라와 미용 의원을 개원할 것이다.
- 공공 의대보다 시급한 것은 필수 의료 수가* 개선이다.

이 중 일부는 검토해 볼 만한 주장이다. 정부 정책에 세세한 부분에서 부족함이 있는 것이 사실이고 이에 대한 검토 없이 추진되어서는 안 되는 것도 맞다. 그러나 이러한 주장들은 공공 의료 자체를 반대해야 하는 이유가 되지는 못한다.

보건복지부의 〈공공보건의료 발전 종합대책〉(2018년)에 따르면, 인구 10만 명당 치료 가능한 사망률(의료적 지식과 기술을 고려했을 때, 양질의 보건 의료 서비스가 있으면 피할 수 있는 원인에 의한 사망)의 지역 격차는 심각하다. 경북 영양군에 사는 사람은 서울 강남구에 사는 사람보다 치료 가능한 원인으로 사망할 확률이 3배 이상 높다. 또, 2010년부터 2018년까지 분만 건수가 0건이었던 기초자치단체는 전국 71곳이고, 이 중 30곳은 자동차로 1시간 거리 이내에 분만 가능한 산부인과가 없는 분만 붕괴 지역으로 조사되었다.** 이 지역에 사는 산모들은 갑자기 산통이 시작되어도 차를 운전해서 큰 도시의 산부인과를 찾아가야 한다. 울릉군의 경우 산부인과가 없어, 울릉도의 모든 아이는 태어난 곳이 울릉도가 아니라는 아이러니가 생긴다.

이렇게 수치상으로도 나타나는 지역별 의료 격차는 지난 몇십

---

* 의료 수가란 의사가 환자에게 시행한 의료 행위 또는 비용에 대한 보상을 말한다. 쉽게 말해 환자를 치료하고 받는 진료비를 의미하는데, 우리는 전 국민 건강보험 제도가 시행되고 있기 때문에 대부분 건강보험공단에서 지불한다. 의사들은 건강보험공단에서 책정한 의료 수가가 너무 낮아 필수 의료 행위를 하면 할수록 적자를 보게 된다며 불만을 제기하고 있다.

** "시·군 5곳 중 1곳, 아이 낳을 곳이 없다", 〈조선일보〉, 2019년 7월 13일. 분만 건수 0건인 기초단체는 강원 11곳, 경기 5곳, 경북 12곳, 경남 8곳, 울산 1곳, 인천 2곳, 전남 13곳, 전북 7곳, 충북 6곳, 충남 6곳으로 나타났다.

년 동안 의료 서비스의 배분을 전적으로 민간에 맡긴 결과이다. 누군가는 지역 의료 수가를 높여야 한다고 주장하지만, 이미 지방의 병원은 수도권의 병원보다 훨씬 많은 봉급을 의사들에게 지급하는데도 지방에는 여전히 의사가 부족하다. 의료를 시장에 맡겨서는 이러한 의료 격차가 점점 심해지기 때문에, 공공이 적절하게 관리해서 사람들이 의료 혜택을 골고루 누릴 수 있게 해야 한다.

그러나 의사들은 무책임하게도 적절한 대안은 제시하지 않은 채 정부 정책에 무조건적으로 반대만 해 왔다. 의사들이 정말로 공공 의료에 대해 고민하고 국가 보건을 걱정했다면 엉망이 된 한국 의료 체계를 고치기 위하여 정부 안보다 좋은 대안을 갖고 있었어야 했다. 그러나 의사들이 주장한 것은 수가 인상이 모든 것을 해결할 수 있다는 '수가 만능론'뿐이었고, 공공 의료 확충에 대해서는 뚜렷한 대안 없이 반대를 위한 반대로 일관했다.

대부분의 선진국에서 의료는 당연히 공동적으로 이루어져야 할 사회 서비스이다. 이렇게 의료가 공공적으르 확실히 토대를 구축한 나라에서는 따로 '공공 의료'라는 개념을 분리해서 이해하려 하지 않아도 의사들이 의료의 공공적 역할을 충분히 인식하고 있다. 한국과는 정반대로 독일에서는 의사들이 의대 정원을 늘리는 것을 환영했고, 프랑스 의사들은 공공 의료를 확충하라며 시위를 벌였다.* 하지만 2020년 단체 행동에서 한국의 의사들은 공공 의료

---

* 「독일 집권당, 의대생 50% 증원 추진… 의료계 "환영"」, 《한겨레》, 2020년 9월 6일; "프

의 개념조차도 제대로 정의하지 못했고, 코로나19 유행으로 전 세계적으로 공공 의료의 필요성이 대두된 상황에서 오히려 이를 외면하는 무책임한 모습을 보였다.

이런 모습은 능력주의의 부정적 결과물이라 할 수 있다. 능력주의 이데올로기는 개인의 성공을 오로지 개인의 내재적 능력과 노력의 결실로 간주한다. 2020년 8월 14일 거리 집회에서 나온 박지현 대한전공의협의회 회장의 "교과서 사는 데에 10원 한 푼 보태 준 적 없는 정부"라는 발언은 능력주의 이데올로기가 한국의 파워 엘리트의 정신세계에 어떤 영향을 미치는지 잘 보여 주었다. '내가 내 돈 내고 내 의지로 열심히 해서 얻은 나의 지위인데, 아무것도 한 게 없는 사회가 무슨 자격으로 나에게 책임을 요구하는가!'

사회는 능력 있는 개인이 사회에 가져다줄 수 있는 편익을 잘 알고 있다. 성적 우수 학생에게 장학금을 지급하고, 좋은 성과를 낼 것 같은 연구실에 연구 사업비를 더 많이 지원하는 것도 그래서이다. 이것은 개인의 능력이 뛰어나기 때문에 주는 보상이 아니라, 그만큼 사회에 더 많이 기여할 것을 기대하기 때문에 하는 투자다. 같은 맥락에서 사회는 의대생들과 의사들에게 다른 사람들보다 더 많은 혜택과 권한을 제공해 왔다. 사회의 기대와 지원으로 안정된 사회·경제적 지위를 얻고 자아실현의 기회를 얻었다면, 그들에게 사회적 책임이 생기는 것은 당연하다. 이러한 책임을 외면하는 것이

랑스 의사·간호사들 "공공의료 투자확대" 대규모 시위", 〈연합뉴스〉, 2020년 6월 17일.

야말로 정의에 어긋나는 것이다.

　의사의 책무는 단순히 진료실에서 아픈 사람을 치료하는 것에 국한되지 않는다. 의사들이 의료 전문가로서 의료 정책에 목소리를 내고 싶다면 사람들이 적절한 치료를 받을 수 있는 환경을 조성하는 데에도 치열한 고민을 해야 한다. 환자들이 왜 건강하지 못한지, 왜 어떤 환자는 다른 환자들보다 건강을 더 위협받는지, 환자들이 더 좋은 의료 서비스를 위해 어떤 것을 요구하고 있는지 살펴보는 것이 필요하다. 이런 고민을 하지 않는 의사들은 국가 보건 정책 결정 과정에서 의료 전문가로 존중받을 수 없다.

엘리트와 사회의 바람직한 관계

　2020년 8월 의사들의 집단 진료 거부 사태는 전례 없던 감염병의 위협 속에서 높아진 사회 개혁의 요구가 오로지 하나의 이익 집단에 의해 저지된 사건으로 기록될 것이다. 이들은 뻔히 드러난 공공 의료 확충의 필요성을 외면하고, 다른 사회 구성원의 의견을 깡그리 무시하며 자신의 권위만을 내세웠다. 이들이 일관되게 부르짖은 '전문가와 상의 없이 졸속으로 정책을 추진한 정부를 규탄한다'는 말은, 스스로를 의료 정책의 유일하고 가장 결정적인 전문가로 인식할 때만 가능한 주장이었다.

　의사들이 이렇게 독선적인 태도를 보이게 된 것은 그들이 살아온 배경에서 원인을 찾을 수 있다. 의사들은 입시 경쟁의 왕좌를 차지한 경험을 시작으로 집단의식을 공유하는 강력한 이익 수호 집단이 되었고, 다른 사회 구성원의 역할을 과소평가하는 오만함을 체화했다. 이들의 이런 일견 자기중심적인 현실 인식이 모두 이들의 도덕적 결함 탓이라고만 할 수는 없다. 이들은 평생에 걸쳐 엘리트주의를 학습했고, 이들이 배운 공정은 능력 있는 자가 더 대우받는 '좁은 의미의 공정'으로 국한되었다. 초·중·고 공교육과 의과 대학 교육의 실패이기도 하다.

그럼에도 불구하고 이들을 변호하기에는 그들의 행동이 한국 사회에 남긴 상처가 너무 크다. 젊은 의사들은 2020년 단체 행동 과정에서 자신들의 공공적 역할을 전혀 의식하지 못하고 그 필요성에 공감하지도 못하는 모습을 보였다. 특히 중환자실과 응급실까지 비운 것은 무슨 말로도 용서받을 수 없는 반인륜적 행위였다. 우리 사회에서 소위 '똑똑한 사람들'이 모였다는 의사들이 사회에 이렇게 무책임한 모습을 보인 것에 시민들은 크게 실망했다.

나는 단체 행동이 진행되던 동안 한 의대생이 익명 커뮤니티에서 다음과 같이 발언하는 것을 보고 착잡한 기분이 들었다.

"한국의 의사들은 맹장 수술을 하면 필리핀의 의사들보다도 돈을 덜 받습니다. 이렇게 말도 안 되는 저수가 구조에서 의사의 노동력을 착취하고 있으면서, 이 정부는 공공 의대를 설립하여 그마저도 착취하고자 합니다."

물론 필수 의료 행위의 저수가 문제도 해결해야 할 것이다. 하지만 월 평균 1000만 원을 버는 의사들이 10만 원에서 100만 원 정도 덜 받는 것과, 강원도 평창의 산모가 산통이 시작되고 나서 강릉의 대학 병원까지 차를 몰고 가는 동안 아기와 산모의 건강이 위협받는 일을 해결하는 것 중 시민들의 눈에 어느 것이 더 중요하고 시급한 문제일지 생각하지 않을 수 없다.
　건강권은 당연히 보장받아야 할 기본권이다. 어떤 지역에 살든, 어느 계층에 속하든 모든 사람은 생명이 위태로울 때 적절한 의료 서비스를 받을 권리가 있다. 이 기본권은 개인의 힘으로는 보장될 수 없고, 사회와 의사가 긴밀히 협동하여 시민의 안녕을 보장하고자 할 때만 이루어질 수 있다. 그러한 협동을 위한 기반으로 엘리트주의를 체화시키는 능력주의적 교육과 선발이 아닌 공공성을 보장할 수 있는 다른 방식이 필요하다. 젊은 의사들이 의료 전문가로서 공공적 역할을 인식하고 모두가 건강할 수 있는 사회를 만드는 일에 협력하게 되기를 바란다.

뛰어난 여성들은 자신의 파이를 구할 수 있을까

이유림
성적권리와 재생산정의를 위한 센터 셰어SHARE 기획운영위원

'정상에서 보자'는 페미니즘

2019년 〈여성신문〉의 한 온라인 조사는 흥미로운 결과를 보여준다. 자신을 페미니스트로 정체화한 20대 여성 1,169명을 대상으로 이루어진 조사에서 '현존하는 인물 중 롤 모델로 삼고 있는 여성 인물은 누구인가?'라는 물음에 대해 롤 모델이 없다는 응답 33.27%(389명)과 강경화 외교부 장관(218명, 18.64%)에 이어, 응답자

가 많지는 않지만 박근혜 전 대통령(105명, 8.98%)이 3순위를 차지한 것이다.* 비슷한 시기에 소셜 미디어에서는 "#정상에서만나자"라는 해시태그가 여성 권익 향상을 표현하는 일종의 정치적 슬로건으로 등장하였다. 재테크, 주식 스터디, 자기계발, 야망과 같은 말들이 개인의 페미니즘 실천을 설명하는 주요 단어로 등장하기도 한다. 더 많은 여성들이 '정상'에서 만나는 것이 페미니즘이라는 이해는, 2015년 '페미니즘 리부트' 이후 페미니스트로 정체화한 개인들이 온라인과 오프라인을 경유하여 활동하는 과정에서 '비혼', '비출산', '비연애', '비소비', '비섹스', '비돕비(비혼은 비혼을 돕는다)' 등으로 구체화되었다.

페미니즘의 대중화 속에서 사회적 계층 이동으로 '높은 곳'을 지향하는 이들의 실천은 다양한 논쟁과 비판을 낳았다. 특히 이러한 실천에 참여하는 계층이 주로 20~30대 청년-여성으로 전제되기 때문에, 이들이 청년 세대로서 신자유주의적 경쟁 체제를 내면화했다는 비판들도 나왔다.

이러한 실천에 주력하는 사람들이 인식하는 가장 큰 사회적 부조리는 '유리 천장glass ceiling'으로 요약할 수 있을 것이다. 유리 천장은 충분한 능력을 갖춘 사람이 직장 내 차별로 인해 고위직으로 올라가지 못하는 상황을 비유적으로 칭하는 말이다. 이들은 특히 성

---

* "[기자의 눈] 롤 모델 없는 90년생 여성들, '야당' 드러내다", 〈여성신문〉, 2019년 10월 25일.

별로 인한 차별에 주목하여, 여성이 관리직·고위직에 이르는 것이 곧 일종의 정의 실현이자 정치적 실천이 될 수 있다고 주장한다. 이는 분명히 양가적인 감정이 드는 지점이다. 우리는 뛰어난 여성 기업가나 과학자, 정치인의 사회적 성공이나 뛰어난 역량 뒤에도 노동자에 대한 착취나 누군가의 인권에 대한 침해가 당연히 존재할 수 있는 사회에서 살아가고 있다. 그리고 이들이 여성이라는 사실 그 자체는 그들의 능력이 여성이나 소수자 집단의 사회적 삶의 향상에 기여할 것이라는 어떠한 보장도 하지 않는다. 하지만 그렇더라도 한국 사회가 여성이 노동하기에 가장 나쁜 국가 중 하나라는 것은 사실이다. 영국의 주간지 《이코노미스트》가 OECD 회원국들을 대상으로 남녀 임금 격차, 의회 내 여성 비율, 기업 이사회 내 비율 등을 조사하여 발표하는 유리 천장 지수glass ceiling index에서 한국은 매해 최하위를 기록한다.

이 글은 지금의 한국 사회, 저성장 과잉 경쟁 사회를 살아가는 청년 여성들이 경쟁에서 승리하기 위해 더 많은 자기계발, 더 높은 곳으로 가기 위한 실천을 페미니즘으로 굴절하는 지점에 대해서 다층적인 논의가 필요하다는 인식에서 시작한다. 2015년 페미니즘 리부트 이후 한국 사회의 두드러지는 정치적인 주체로 등장한 청년 여성들은, 전형적인 신자유주의적 서사를 통해 무엇을 말하고자 하는가? 능력주의의 사다리를 타고 유리 천장을 깨는 것은 페미니즘이 될 수 있을까? 신자유주의와 젠더가 어떤 방식으로 교차하여 작동하는지에 대한 페미니즘의 논의는 현 상황을 이해하는 것에 어떤 통찰을 줄 수 있을까? 또는 한국 사회에서 급부상한 청년 담론은 페미니스트로 정체화한 청년 여성들과 어떻게 조우하고 어긋나는가?

신자유주의 시대를 살아가는 야망의 양가성

신자유주의의 도래 속에서 여성들이 경험하는 새로운 경제적 위치, 사회·문화적 규율에 대한 분석들은 능력주의와 젠더가 교차하는 지점에 주목한다. 많은 학자들이 분석한 것과 같이, 신자유주의적 개혁은 표면적으로는 젠더가 없다.* 체제가 요구하는 '신자유주의적 개인neoliberal individual'에는 젠더가 없으며, 중요한 건 그저 '능력'뿐이라고 역설한다. 신자유주의적 능력주의와 젠더가 교차하는 지점에서 어떤 여성, 어떤 소수자들은 '능력'에 기반하여 개별의 소수자성에 구속되지 않고 더 많은 기회와 보상을 받는 것이 용이할 수 있다. 여성이든 소수자이든 특정 정체성으로 범주화된 집단의 내부는 균질하지 않기 때문이다. 손희정은 소수의 유리 천장을 뚫은 여성들을 재현하는 포스트-페미니즘의 상상력을 분석하는데, 이러한 상상력을 통해 신자유주의 시대 각자도생의 삶의 조건에 적응

---

* Gill, Rosalind(2007), Postfeminist Media Culture, *European Journal of Cultural Studies*, No.2, pp. 147-166.

하고 자본의 모순을 받아들였을 때 어떤 보상을 받을 수 있는지 전시한다는 것으로, "여성들에게는 '희망'을 사회적으로는 '역차별'의 감각을 만들어 내는 지점을 간파한다".*

2015년을 전후하여 디지털 공간을 중심으로 다양한 페미니즘 활동이 나타났으며, 이들이 촉발시킨 논쟁은 여전히 현재 진행형이다. 디지털 페미니즘의 대중화 속에서 나타난 온라인 액티비즘 중 하나가 '야망 보지 힘 주기' 프로젝트, 줄여서 야보힘 프로젝트이다. 여기서 '야망 보지'란 야망을 가진 여성이라는 의미로, 여성들이 외부의 경제적 지원이나 결혼 제도에 편입되지 않고 독립적으로 '잘살기' 위해서는 공부하고 스펙을 쌓고 재테크를 하는 등 각자의 몫을 챙겨 성공해야 한다는 취지의 페미니즘 실천이다.** 야보힘 프로젝트는 부와 능력을 축적하는 것에 도움이 되지 않는 행위를 하지 않고, 능력 계발에 투자하며, 계층의 사다리를 올라가 많은 여성들이 '정상에서 만나는 것'이 페미니스트로서의 정치적 실천이자 성평등의 실현이라고 제시한다. 일상적인 소비에서부터 공부, 자격증 따기, 자기계발, 생활 관리 등을 소셜 미디어를 중심으로 인증하기도 하고, 그에 필요한 정보를 공유하기도 한다. 때로는 특정한 소비나 실천이 '옳은 것'인지 아닌지를 둘러싸고 논쟁이 벌어지기도

---

* 손희정(2015), 〈페미니즘 리부트 : 한국 영화를 통해 보는 포스트-페미니즘, 그리고 그 이후〉,《문화 과학》, 83호(2015년 가을), 41쪽.
** 이현재(2019), 〈신자유주의 시대 젠더정의와 '유리천장 깨뜨리기' : 변혁적 논의를 위한 비판 페미니즘의 제안〉,《젠더와 문화》, 12(2), 43~73쪽.

한다. 여성들이 마카롱이나 디저트류에 비용을 지출하는 것, 아이돌 팬 활동 등 소위 '덕질'에 소요되는 비용, 다이어리 꾸미기나 슬라임 등 미래의 경제적 불확실성을 제거하는 것에 도움이 되지 않는 소비 활동을 하는 것이 주요 논쟁의 대상이 되어 왔다. 야보힘 프로젝트는 이러한 정보 공유와 서로에 대한 지지, 논쟁을 통해서 실천되는 온라인 액티비즘으로 볼 수 있다.

야보힘 프로젝트에는 근본적으로 사회 구조적인 차별들까지도 개인의 뛰어남을 통해 극복할 수 있다는 신자유주의적 능력주의 이데올로기의 환상이 내재한다. 그리고 능력의 배양과 개인의 책임을 강조하는 신자유주의 이데올로기에 입각한 특정한 방식의 소비와 일상을 주조하는 실천을 동반한다. 특히 이 모든 액티비즘적인 실천들은, 일상적인 소비 행위들의 항목과 소비의 여부, 즉 사야 할 것과 사지 말아야 할 것을 두고 역동적인 모습을 보인다. 이현재는 야보힘 프로젝트 중 '탈코르셋'* 운동에 대해, "기업들이 여성들을 어떻게 파워 소비자로 만들어 내는지를 간파"하고 매력 자본을 최대화하기 위한 소비를 반성하며, 여성 혐오적인 기업에 대한 소비 총파업을 벌이는 등의 신자유주의의 틀을 벗어난다고 본다.** 그러나 사실상 야보힘 프로젝트의 실천은 다른 방식의 신자유주의적

---

* 탈(脫)코르셋 운동이란, 여성에게 요구되는 꾸밈, 태도, 외모 평가 등으로부터 벗어나자는 운동이다. 허리를 조이는 등 여성의 몸을 억압하고 체형을 보정하는 옷인 '코르셋'을 꾸밈이나 외모주의를 비유하는 말로 사용한다.
** 이현재(2019), 앞의 글, 65~66쪽.

소비 실천으로 변화된 것에 가깝다. 예를 들면, 기존에 개인의 즐거움을 위한 문화 소비는 야보힘 프로젝트에서 '코르셋'으로 지탄받는다. 대신에 청년 주택, 주식, CMA(자산 관리 계좌) 혜택, 체크 카드 환급, 신용 카드 추천, 비트코인 등에 관련된 소비와 논의는 여성의 독립적인 삶과 경제 활동을 위해 권장된다. 립스틱을 선물하던 여성들이 그에 부과되던 핑크 택스*를 간파하고 '삼전1주(삼성전자 주식 1주)'를 생일 선물로 해야 한다는, 또 다른 소비 자본주의 시대의 자기 관리의 규범성을 재생산하고 있는 것이다.

'야망'이라는 우산 아래에서 규범화된 내용들은 '진정한' 페미니즘 또는 페미니스트를 판명하고 검열할 수 있는 기준이 된다. 10대 여성이 페미니즘을 접하고 이를 실천해 나가는 과정을 분석한 강예원의 연구에서 10대 여성들에게 온라인 공간은 성차별적인 외부 세계의 제약을 벗어나 페미니즘을 접하고, 소통하고, 이를 기반으로 페미니스트 정체성을 형성할 수 있는 가능성을 제공한다. 그 공간에서 디지털 페미니즘이 제시하는 페미니스트의 정치적 실천은 사실상 자기 통치 규범들의 반복이며, 이는 "가부장제와 신자유주의 시장 경제라는 사회 구조적인 차원에서 발생하는 문제의 대안이자 해결책으로서 '개인의 선택'이 강조되는 역설적인 상황"을 만

---

* 같은 제품이어도 여성용은 남성용보다 가격이 더 높게 책정되는 현상이 마치 여성에게만 부과되는 세금과 같다는 뜻에서 나온 용어. 여성이 주로 사용하는 상품이나 서비스는 불합리하게 가격이 높은 경향을 가리키기도 한다.

든다.*

하지만 내외부의 비판적 논쟁 속에서도 디지털 페미니즘의 '야망' 성공 서사와 실천은 계속해서 갱신된다. 이는 신자유주의적 능력주의 이데올로기에 대한 한국 사회 전반의 불신 및 간파와도 상충한다는 점에서 일종의 역주행에 가깝다. 특히 현재의 청년 세대는 시장 경쟁 체제 안에서 성공에 대한 서사에 투신하기에는, '수저론', '노오력', '헬조선' 등의 담론들이 보여 주듯 신자유주의적 능력주의가 가진 모순들을 이미 선명하게 인지하고 있지 않던가. 디지털 페미니즘이 제시하는 페미니스트 규범이 어떤 방식으로 사회 구조를 반영하고 신자유주의적인 자기 통치의 기술을 재생산하는지 분석하는 것은 이러한 의문에는 답하지 않으며, 때문에 보다 상세한 논의가 필요하다. 20대 청년 세대 페미니스트는 한국 사회에서 살아가는 자신의 삶의 조건에 대해 어떠한 인식과 기대, 전망을 가지고 있는가? 이는 어떠한 지점에서 페미니즘과 만나고, 무엇을 공유하고 무엇 때문에 갈등하는가? '야망'으로 다시 쓰는 페미니즘은 우리에게 어떤 이야기를 하고 있는가?

---

* 강예원(2018), 〈디지털 시대 페미니즘의 대중화와 십대 페미니스트 '되기(becoming)'에 관한 연구〉, 이화여자대학교 석사 학위 논문, 4쪽.

범람하는 청년 담론 속, '여성의 이력서'는 어떤 의미인가

신자유주의적 능력주의 이데올로기와 관련해서 가장 많은 분석이 이루어지고 활발한 담론이 생성되는 영역은 '청년' 범주일 것이다. 청년 담론은 한국 사회의 다양한 격차와 계층 이동의 불가능성, 낮은 경제 성장 등을 집약적으로 드러내며 급부상하였다. 청년 담론은 사회적으로는 다양한 위기의 심각성을 보여 준다고 여겨지며, 정치적으로도 청년 담론이 던진 'N포 세대', '흙수저'와 같은 선명한 의제들이 주요한 이슈로 제기되거나 동원되어 왔다. 그렇다면 'N포 세대' 담론과 같이 청년 세대의 빈곤을 드러내고, '수저론'과 같이 계층 이동의 불가능성을 드러내는 호소력 짙은 청년 담론과 여러 지점에서 비난이나 논쟁의 대상이 되는 야보힘 프로젝트는 어떤 다른 인식을 가지고 있는 것일까? 무엇에서 어긋나게 되는 것일까?

한국 사회의 청년 담론에서 지칭되는 '청년'이 누구인지에 대한 문제 제기는 계속 있어 왔다. 정성조는 한국 사회의 청년 담론은 "남성의 얼굴을 한 청년 세대의 경제적 위기"에 주목하고 있으며, "경제적 불평등 문제와 정치적 보수화에만 집중했던 '청년 세대' 담론의 사각지대"에 여성과 사회적 소수자가 존재한다고 비판한다.*

---

* 정성조(2019), 〈청년 세대 담론의 비판적 재구성 : 젠더와 섹슈얼리티를 중심으로〉, 《경제와 사회》, 123호(2019년 9월), 16쪽.

'청년'이라는 범주를 두고 많은 논의가 벌어지고, 파급력을 가지는 담론들이 구체적인 정치나 정책의 장에서 그 영향과 자원을 다투는 과정에서도 그러하다. 성별 격차나 젠더 갈등은 사실상 '청년'이라는 정치적으로 유의미한 범주 외부의 의제로 다루어진다. 한국 사회의 무한 경쟁 체제에서 '청년 세대'가 경험하는 소진에는 사회적으로 보편적 공감대를 형성하고, 이를 적극적으로 사회 문제로 상정하는 것과는 달리, 청년 여성이 노동하면서 경험하는 직장 내 성차별은 상이한 층위에서 다뤄지는 것이다. 이 과정에서 청년-여성이 경험하는, "끊임없는 경쟁과 자기계발 속에서 '개인'으로 성공하기를 요구받지만 동시에 구조적 차별과 폭력의 기제로서의 성sex, gender, sexuality으로부터 자유로울 수 없는 청년 세대 여성들의 모순적 삶의 지형"은 페미니즘을 요청하게 된다.*

청년 담론에서 청년 세대의 노동 시장의 진입 문제를 다룰 때도, 여성 청년이 경험하는 노동 시장의 조건이 '청년 일반'과는 구조적으로 다른 지형에 놓여 있다는 현실은 쉽게 누락된다.** 한국 사회에서 여성 고용의 증가는 1990년대 중반 이후 저성장과 경제

---

* 김보명(2018), 〈페미니즘의 재부상, 그 경로와 특징들〉, 《경제와 사회》, 118호(2018년 6월), 102쪽.

** 2018년 기준 여성의 고용률은 50.9%이며, 여성은 남성의 2배 이상이 임시 근로자의 형태로 일하고 있고 직종으로는 서비스 종사자와 판매 종사자에 두드러지게 집중되어 있었다. 2018년 8월 기준 여성 임금 노동자 중 비정규직 노동자는 367만 8,000명으로, 남성 293만 6,000명보다 74만 2,000명 많은 수치이다. 여성들이 종사하는 저임금, 비정규, 비정형적 형태의 노동들을 고려할 때, 여성 전반의 기본적인 노동 조건, 고용 형태 등을 보장하는 근본적인 대책이 요구된다.(통계청(2019), 《2019 통계로 보는 여성의 삶》.)

위기를 경험하며 시장이 더욱 유연하고 저렴한 여성 노동력의 활용을 요구했기 때문이었다. 그 과정에서 여성들은 고용 조건의 악화와 여성 노동자의 비정규직화를 오롯이 감당하고 있다.* 시장의 필요에 의해 만들어진 여성 일자리는 착취적이며, 여성의 고용 조건과 노동 환경을 평등하게 만들기 위해 노력해야 할 국가는 적절한 정책적 개입을 만들어 내지 못하는 상황에서 여성들은 재생산 노동에 대한 부담과 의무를 동시에 진 채로 질 낮은 일자리에 유입된 것이다. 2000년 이후부터 정부가 적극적으로 추진해 온 일-가족 양립 정책 역시, 여성이 노동자이자 돌봄 책임자로서 이중 역할을 하는 것을 전제하고, 여성의 출산력과 노동력을 최대한 활용함으로써 국가의 '위기'를 극복하고자 하는 것에 중점을 두고 있다.** 여성들은 신자유주의적 시장 재편에 따른 구조 변화가 초래하는 사회적 비용을 정책적 지원의 공백 혹은 실패 속에서 개별적으로 지불하며, "구조적인 취약성을 극복하고 스스로를 평등하고 자유로운 주체"로 만들어 가는 과업을 '개인'으로서 부담하게 된다.*** 국가와 시장이 모두 적절한 사회적 책임을 다하지 않는 사이에서 여성들이 개인적 차원의 노력이나 전략의 개발로 그 공백을 메꿔 나가

---

* 강이수(2013), 〈여성주의 연구를 돌아보다〉, 《경제와사회》, 100호(2013년 12월); 김보명(2018), 앞의 글.
** 김경희·김민희(2010), 〈입법과정에 나타난 일-가족 양립 문제의 프레임(frame)에 관한 연구〉, 《담론 201》, 13(4), 71~101쪽.
*** 김보명(2018), 앞의 글, 127쪽.

며 생존하는 것이다.

청년 여성들이 야보힘 프로젝트를 통해서 자신의 야망을 주장하고, 능력주의를 선망하고, 페미니스트로서 자신의 성공을 위한 실천을 하겠다는 전망은 한국 사회의 주류 담론 속에서는 해석되지 못하는/존재하지 않는 경험과 감각들로 뒷받침된다. '여성'이라는 조건에 구애받지 않고, 차라리 철저히 능력에 따른 공정한 분배가 이루어진다면 당장 자신에게 주어진 사회적 조건이 달라질 수도 있을 거라는 여성들의 감각은 2018년 금융감독원 조사에서 드러난 채용 성차별만 보아도 증명될 수 있다. 〈남녀고용평등법〉의 존재 그리고 많은 정부 보고서는 '이미' 대부분의 차별은 직접 차별보다는 '간접' 차별로 이루어진다는 논의로 이동한 것이 무색하게도, 2000년대 이후 다양한 직종의 취업 준비 정보를 나누는 온라인 공간에는 구체적으로 남성일 경우에 요구되는 학점과 공인 영어 시험 점수, 여성일 경우에 요구되는 학점과 공인 영어 시험 점수에 대한 기준이 공유되고 있다. 그리고 뒤늦은 금융감독원 조사를 통해 서류 전형부터 남녀 채용 비율이 선뜻하게 제시되어 있었음이 밝혀졌다. 2017년 신한카드의 서류 전형 남녀 채용 비율은 7:3이었다.

다르게 설명하자면 이미 '여성'인 것이 곧 '수저'인 청년 여성들은, 능력에 따른 채용, 채용 성차별에 대한 철저한 조사 및 시정, 인사 고과 등에서의 능력 평가의 적절한 기준 마련 등 능력주의에 기반한 조치가 이루어진다면 자신의 미래 기획이 달라질 수도 있다는 전망을 가지는 것이다. 그리고 이러한 조치가 일정 수준 이상의 학력 자본 또는 사회적 자본을 가지고 정규직으로 노동 시장에 진입할 수 있는 조건을 마련한 여성들의 노동 조건을 지금보다 평등하게 만들 것이라는 점에는 동의하지 않을 수 없다.

담론이라는 렌즈는 사회에 대한 구체적인 진단이기도 하지만, 그러한 담론을 통해 다시 개인이 자신의 삶의 조건을 구체적으로 인식하기도 하고, 그를 경유하여 자신의 경험과 감정을 설득적으로 외화할 수 있는 경로가 되기도 한다는 점에서 상호적이다. '비혼', '비출산', '비연애'로 구체화된 디지털 페미니즘의 규범성은 한국 사회에서 청년 세대가 개인이 처한 사회 구조적인 조건을 설명하기 위해 경유할 수밖에 없는 'N포 세대'와 같은 담론 속에서 청년 여성들이 개인이 처한 사회적 조건을 어떻게 다르게 설명하고자 했는지를 보여 준다. 김보영은 여성 청년들이 경제적 빈곤으로 결혼을 포기하는 것이 아니라 '비혼'을 하나의 해방의 조건으로 생각하는 지점에서 발생하는 분화를 지적하며, "30대 기혼 여성은 왜 청년 정책의 대상이 아니라 보육 정책의 대상으로만 생각되는가? 빈곤한 상황에 놓인 여성이 모텔에서 출산을 하다 사망한 사건은 왜 빈곤한 청년의 죽음으로 다뤄지지 않는가?"라는 질문을 던진다.*

---

* 김보영(2019), 〈여성들의 말하기와 '젠더갈등': 페미니스트 활동가 인터뷰집 『스스로 해일이 된 여자들』을 중심으로〉, 《2019 비판사회학회 춘계학술대회 발표집》(미간행).

능력에 따른 분배 : 능력주의가 문제일까, 능력이 문제일까?

한국에서 능력주의로 주로 번역되는 메리토크라시meritocracy라는 단어는 아이큐로 계급과 할 일이 결정되는 디스토피아적 미래를 그린 풍자 소설에 1958년 등장했다고 한다. 하지만 현재 능력주의를 둘러싼 사회적 담론은 단지 메리토크라시라는 용어나 개념에만 국한되지 않고, '능력에 따른 분배'를 요구하는 믿음이나 가치 체계, '실력에 따른 사회적 지위'를 갖고자 하는 다양한 집단적 요구, 신자유주의와 후기 자본주의 시대에 수용된 능력주의 논리 등 훨씬 더 넓은 범위에서 생성되고 있다. 청년 여성들이 '야망'과 '성공'이라는 이름으로 페미니즘을 써내는 현상을 두고 벌어지는 논쟁에서는 한 측에서는 이를 신자유주의적 능력주의 이데올로기에 매몰된 실천이라고 비판하고, 또 다른 측에서는 성차별로 정당한 평가를 받지 못한 여성이 능력에 따른 분배를 요구하는 것이 왜 문제냐는 서로 다른 이야기를 하는 모습을 보게 되기도 한다.

그렇다면 능력주의의 사다리를 타고 유리 천장을 깨는 것은 페미니즘이 될 수 있을까? 자본주의 사회에서 살아가며, 우리는 능력에 따른 노동을 하고, 노동에 따라 사회적 자원을 분배하는 사회를 1차적인 평등의 감각으로 상정할 수 있다. '나는 내 파이*를 찾겠다'는 디지털 페미니스트의 선언은 분배의 불평등성, 즉 파이의

---

* 음식 '파이(pie)'에서 유래된 말로 '분배하여야 할 총수익, 총 이익, 총 경비'를 뜻한다.

측정과 분배의 과정이 남성 성원 중심으로 구축되어 있다는 문제의식에 기반한다.

그런데 사실상 불평등한 파이를 해체하고 나의 파이를 찾기 위해서는, 평등하지 않은 방식으로 파이에 연루되어 있고, 얽혀 있고, 상호작용하고 있는 구조를 드러내야 한다. 특정한 능력이 특정한 방식으로 평가되고, 능력 자체에 차등적인 가치를 두고 있는 체계에 대한 보다 근본적인 질문이 필요한 것이다. 어떤 존재에게 어떠한 능력이 있거나 없다고 전제하는 것, 어떤 능력이 특정한 노동이나 직군에 필수적이라고 정의하는 것, 그리고 그 능력에 기반한 특정 노동이 어떠한 사회·경제적 가치를 획득하는지는 모두 정치적인 문제이다. 예를 들어, 여성에게는 왜 돌봄, 공감, 감정 노동을 할 수 있는 능력이 기대되는지, 그리고 여성들이 그런 능력을 가지고 있기 때문에 육아나 간병과 같은 일들은 가족 내에서 고용되지 않은 여성이 '무급'으로 할 수 있다고 여겨지는지, 또한 육아나 가사, 노인 돌봄과 같은 영역이 임금 노동으로 편입될 때 얼마만큼의 경제적 보상을 획득하는지는 연결된 문제이다. 누군가의 무급 가사 노동과 돌봄 노동 없이는 스스로 자기 돌봄을 실천할 수 없는 이성애자 비장애인 남성 노동자는 '의존'하고 있는 존재라고 사유되지 않지만, 반대로 다양한 능력을 바탕으로 육아와 가사 노동, 돌봄 노동을 하며 남성 임금 노동자의 임금으로 생활하는 여성 파트너는 '의존적'인 존재로 파악된다.

누군가를 '능력 없음'과 '능력 있음'으로 규정하고 세분화하는 권력은 어떠한 구조 속에 있으며, 그 구조에서 가장 능력 있다고 여겨지는 몸은 어떠한 몸인지 페미니즘은 질문한다. 예를 들어, 콜린스는 흑인 여성의 재생산과 모성에 관한 능력과 이미지들이 어떤 방식으로 백인 노예주의 가정에 흑인 여성이 제공하는 무급 가사 노동을 착취하는 것을 정당화하는 억압적 이데올로기로 활용되었는지 보인다. 흑인 여성은 '쉽게' 아이를 낳는 능력을 가졌다고 여기는 문화는 흑인 여성이 아이를 낳아서 백인 노예주가 또 하나의 자원을 착취할 수 있게 하기 위한 것이었다. 반면 흑인 어머니는 아이를 잘 사회화시키는 능력은 없는 것으로 규정된다. "흑인 아동의 빈곤은 흑인 어머니의 섹슈얼리티와 재생산 능력에서 기인한 것"으로 여겨지며 사사화私事化된다.* 젠더뿐만 아니라 계급, 인종, 국적, 연령, 장애나 질병의 유무에 따라 어떠한 특성이나 행위가 무/유능력인지 규정되고, 이러한 규정은 개인의 권리와 성원권을 제약하기도 하고 또는 획득하게도 하며, 개인이 어떠한 사회적 자원을 보상받을지에도 깊게 관여한다. 따라서 근본적으로 뛰어난 여성들이 자신의 파이를 찾기 위해서는 이러한 능력을 규정하는 권력 자체에 대한 더 급진적인 도전이 필요하다. 또한 유급 노동과 무급 노동, 전일제 노동과 시간제 노동, 공적 노동과 사적 노동, 독립과 의존, 노동과 복지의 낡은 이분법을 해체하는 제도들이 민주적 시민권을 확

---

* 패트리샤 힐 콜린스 엮음, 박미선·주해연 옮김(2009), 《흑인 페미니즘 사상》, 여성이론연구소.

보하는 차원에서 제안되어야 하며, "'독립', '노동work', '복지'의 새로운 의미와 실천이 창조되어야 한다".*

　빠른 경제 발전과 사회 변화를 겪어 온 한국 사회에서 사회적 자원을 배분하는 방식의 문제는 사회적 갈등의 중심에 있다. 따라서 능력주의를 둘러싸고 나타나는 양상과 담론은 그 자체로 다양한 의미와 정동의 각축장을 형성하고 있다. 누가 어떤 의미와 가치로 능력을 정의하고 있는지, 각기 다른 사회·경제적 맥락에 놓인 다양한 사회 구성원에게 능력주의는 무엇(들)으로 표상되는지, 능력주의의 부정의를 고발하거나 또는 정당성을 주장하는 다양한 집단이 그 정체성을 범주화하고 주장하는 과정에서 '공유'되는 것은 무엇이며, 어떤 집단이 이득을 끌어내는지, 그리고 담론의 장에서 '복잡한 현상'을 정리하기 위해 '어떤 지점'들을 빠르게 삭제/탈각하는지 등은 이 각축장을 이해하기 위한 질문일 수 있다.

　능력주의의 담론장에서 보이는 오해 중 하나는 능력주의와 귀족주의aristocracy를 대비하여 단선적으로 배치함으로써 능력주의의 작동 방식과 구조를 간과하는 것일 수 있다. 김호기는 리처드 세넷의 논의를 차용하여 한국 사회에서는 능력주의와 귀족주의가 결합되어 있다고 진단하였다.** 하지만 사실 리처드 세넷의 논의는 능력주의의 체제성, 그 작동 방식에 대한 진전된 문제의식을 담고 있다. 세

---

* 캐롤 페이트만, 이평화·이성민 옮김(2018), 《여자들의 무질서》, 도서출판b, 319쪽.
** 김호기(2019), 〈수저계급론 논쟁〉, 《논쟁으로 읽는 한국 현대사》, 메디치미디어.

넷은 능력주의라는 체계는 능력이 발현/실현된 '업적'에 대해 작동하는 것이 아니라, 능력이 있고 없음에 대한 '잠재성'에 대한 평가를 기준으로 작동한다고 말한다. 세넷은 이 잠재성이 곧 '능력'으로 보편화·대중화되며 현대 사회의 유연한 제도 및 관행과 공모하는 것에, 그로 인해 노동의 장인 정신이 파괴되는 지점에 더욱 관심을 가진다.* 이는 분배의 공정성에 대한 질문 이전에, 무엇이 능력인지, 능력이란 개념 자체에 대한 직접적 성찰을 요구한다.

능력주의의 문제를 대학(입시)의 문제, 청년 세대의 문제, 또는 그 세대의 노동 시장 진입의 문제로 축소하지 않고, 젠더와 인종, 비장애 중심주의ableism의 문제, 노동의 가치와 위계의 문제로 이야기하고 국가, 시장, 기업은 이 구조에서 어떤 역할로 존재하는지 물어야만, 능력주의의 체제성을 고려한 관점에서 우리가 살아가는 세계에 대한 질문과 논의가 뒤따를 수 있다. 사회의 자원을 분배하는 방식에 관하여 합의된 것과 배제된 것은 무엇인지, 사회 구성원으로서의 성원권은 누구에게 어디에서 불평등한지, 어떤 집단이 어떤 정체성의 선언을 통해 이러한 '체제' 안에서 이득을 얻고 있는지, 국가와 자본이 무엇으로 공모하고 작동하는지 등이 그 논의가 다루어야 할 의제들이다. 페미니즘의 정치학, 소수자운동이 제기해 온 민주주의를 향한 의제를 '민주화 세대'가 경청할 때이다.

---

* 리처드 세넷, 유병선 옮김(2009),《뉴캐피털리즘》, 위즈덤하우스.

| 닫는 글 |

'지적 인종주의' 소고

홍세화
장발장은행장

부르디외의 '지적 인종주의'

프랑스의 사회학자 피에르 부르디외가 처음 피력한 '지적 인종주의Le racisme de l'intelligence, Le racisme intellectuel'는 "가장 교묘하여, 가장 알아차리기 어려운" 인종주의로서, 지배 세력이 우월한 학업 성적 그리고 학위와 자격증으로 입증된 지적 우수성을 과거의 특권이나 귀족 타이틀처럼 내세워 자기들이 차지한 지배적인 위치를 정당화한다는 것이다. 부르디외가 1983년 〈학급에 맞서는 학급Classe contre classe〉이라는 제목으로 쓴 짧은 글을 《르몽드 디플로마티크》(2004년 4월호)가 전재했는데, 그 첫 부분은 다음과 같다.

단 하나의 인종주의만 있는 게 아니라 인종주의들이 있다는 것을 알아야 한다. 인종주의는 자기들이 그렇게 존재하는 것을 정당화할

필요가 있는 인간 집단의 수만큼 있게 된다. 그것이 인종주의의 불변의 기능을 구성한다. 나로선 인종주의의 형태들을 분석하는 것이 무척 중요해 보인다. 이 인종주의의 형태들은 가장 교묘하고, 가장 알아차리기 어려우며, 그래서 거의 고발되지도 않는데, 아마도 인종주의에 대한 통상적인 고발자들이 이 형태의 인종주의에 기울게 되는 특성을 갖고 있기 때문일 것이다. 나는 지적 인종주의에 관해 말하려는 것이다.*

이런 문제의식에 더해 인권 의식이 결합되어 있어서일 것이다. 프랑스의 각급 학교에서 학생들에 대한 평가는 절대 평가(20점 만점)에 머물고, "더 잘할 수 있습니다", "교실에서 좀 더 참여하세요" 등

---

* Pierre Bourdieu, Racisme de l'intelligence, *Le Monde diplomatique*, Avril 2004.

의 말을 덧붙이는 정도다. 우리에겐 '지적 인종주의'라는 말 자체가 생소하다. 그래서일까, 학생들에게 거리낌 없이 "너는 1등급이다", "너는 9등급이다"라고 규정한다. 지적 인종주의의 광폭한 형태라고 할 수 있겠는데, 이러한 규정이 얼마나 잔혹한 행위인지에 대한 성찰적 물음은 찾기 어렵다. 가령 1960년대 이전 미국의 버스에서 백인은 앞자리, 유색인은 뒷자리로 구분했던 행태와 얼마나 다른지 물어야 하지 않을까.

그것은 한편으로는 부르디외의 '인종주의에 대한 고발자들이 ('지적'이므로) 지적 인종주의에 기울게 되는 특성을 갖고 있기 때문일 것'이라는 말이 암시하고 있듯 자기 성찰적인 교육자나 지식인이 우리 사회에 많지 않음을, 설령 소수 교육자들의 저항이 있을지라도 제도화된 경쟁 지상주의에 의해 완벽할 정도로 억압되어 있는 것이 참담한 우리의 교육 현실임을 말해 준다. 학교와 교실은 이미 차별을 익히는 곳이 되었다. 어린 시절부터 성적이 좋은 학생은 스스로 우쭐대면서 성적이 낮은 학생들을 업신여길 수 있고, 성적이 낮은 학생은 어린 가슴에 상처를 입고 자기를 부정하기에 이른다. 성적이 좋은 쪽이든 아니든 건전한 자존감을 기대하기 어렵다.

억압과 지배의 기제

누군가 "본디 인종이란 것은 없는데 세상에 인종주의자는 많다"

라고 말했다. 우리는 인종주의를 편견이나 고정 관념에서 비롯된 인식상 오류를 저지른 개인(들)의 문제로 보기보다는 억압과 지배를 위한 사회적 기제로 보아야 한다. 인종주의자들이 모여 인종주의 사회가 되는 게 아니라, 억압과 지배의 사회적 기제로서 인종주의가 있는 것이다. 지적 인종주의도 마찬가지다. 프랑스에 지적 인종주의에 대한 문제의식이 있다고 하여 그런 문제의식이 결여된 한국 사회에 비해 지적 인종주의에 기반한 지배 체제가 크게 흔들리는 것은 아니다. 부르디외의 말을 조금 더 따라가 보자.

> 이 지적 인종주의는 지배 계급 고유의 것으로서, 지배 계급의 재생산은 일정 부분 문화 자본의 전달에 종속되는데, 문화 자본은 병합된 자본이라는 고유성을 가지며, 따라서 십중팔구 타고나는 것이다.*

대부분 아이의 지능도 부모로부터 물려받는 문화 자본 안에 병합된 것으로 거의 타고난다고 할 수 있다. 아이가 '노오력'을 아무리 기울여도 타고난 지능의 한계를 뛰어넘기 어렵다. 실상 이 점에 대해서는 학교 현장의 교사들뿐만 아니라 대부분의 사회 구성원이 알고 있다. 민주주의의 본질 또는 원칙처럼 운위되는 "기회의 평등"은 지적 인종주의를 비판적으로 인식하는 순간 허상이 될 수밖에 없다. 그래서 한국과 같은 능력주의 사회에서, 설령 지적 인

---

* Pierre Bourdieu(2004), 앞의 글.

종주의의 형태는 곳곳에서 튀어나오더라도 그 본질은 감추어져야 한다.

노골적인 지배와 불평등한 사회 구조는 갈등과 저항을 불러올 수 있으므로, 지배 체제는 불평등을 겪는 피지배자들의 자발적 복종 또는 동의를 이끌어 내야 한다. 곧 이데올로기 작업이 필요한 것이다. 능력주의가 강조되고 또 각자의 능력은 오로지 그의 노력 여하에 따른 결과라고 주장해야 한다. 어린 시절부터 '1등급', '9등급'을 매기고 서열화된 대학 입학 여부에 따라 사회에서의 자기 위치에 일찍부터 익숙해지게 한다. 그래야 과거 봉건 시대의 신분제와 별로 달라지지 않은 불평등과 그 세습(재생산)을 정당화할 수 있다. 한국의 계층과 직업에 따른 극심한 소득 격차는 이 정당화의 기반 위에 있다. 비정규직 노동자와 저소득층은 그런 처지가 된 것을 노력을 기울이지 않은 자신의 탓으로 돌려 불평등한 처우와 세습에 맞서 싸우기보다 이를 받아들인다.

이렇게 개인의 능력을 노력 여하에 따른 것이라고 강조하는 데에는 부수적 효과도 따른다. 노력 여하에 따라 등급이 정해지고 등급에 따라 장래 지위와 배우자까지 달라진다는 흔들리지 않는 믿음으로 한국의 청소년/학생들은 잠도 제대로 못 자고 공부를 한다. 친구도 사귀지 못하고 자연도 벗하지 못하고 날마다 좁은 공간에 갇힌 채 그저 공부만 하는데, 그래서 공부 시간만 따지면 세계에서 으뜸을 다툰다. 이로써 사회에 나간 뒤 자신에게 주어지는 지위를 자신이 기울인 노력에 대한 당연한 반대급부로 순순히 받아들이는 동시에, 세계에서 가장 오랜 노동 시간을 불평불만 없이 받아들이도록 예비한다.

"공부 안 하면 저렇게 된다"

이제 지적 인종주의에 대한 비판적 시각을 갖고 한 장면을 바라보기로 하자. 다음은 조정진의 책 《임계장 이야기》의 한 부분이다. 임계장은 "임시 계약직 노인장"의 줄임말로 아파트 경비 노동자로 일한 저자 자신에게 붙인 이름이다.

> 음식물 잔반통을 씻어 내는 일은 언제나 힘들다. 통 안쪽 벽에 음식물 찌꺼기가 얼마나 단단히 눌어붙어 있는지 거친 솔로 문질러도 좀처럼 떨어지지 않는다. 강한 수압으로 수돗물을 분사해 씻다 보면 온몸이 흥건히 젖는다. 물기를 막으려고 장화를 신고 솔로 문지르는 모습이 불쌍해 보이는지 할머니들이 삶은 고구마를 건네기도 한다. 오늘도 어김없이 그 괴로운 작업을 하고 있었다.
> 대부분의 사람들은 물이 튈까 봐 얼른 피하듯이 지나간다. 그런데 아빠와 놀러 가는 차림새의 어린이가 멈춰 서더니 한참을 날 쳐다보고 있었다.
> "아빠, 저 경비 아저씨, 참 힘들겠네."
> 아빠가 대답했다.

"응, 많이 힘들 거야. 너도 공부 안 하면 저 아저씨처럼 된다. 그러니 공부 열심히 해야 해."

창졸간에 나는 공부를 안 해서 이런 일을 하는 사람이 되었다. 어이가 없어 아빠를 한참 쳐다봤더니 무안했던지 종종걸음으로 사라졌다. 이런 일이 공부를 못한 사람에게 주어지는 것이라는 말은 처음 들었다. 나는 한참을 멍하니 서 있었다.*

우리가 이 아빠한테서 먼저 불평등한 사회 구조에 순치된 모습을 봐야 한다면, 아빠는 아이에게 "공부 열심히 해야 해"라고 말하기 전에 그 자신을 돌아보고 물어봐야 할 것이다. 아이에게 물려준 자신의 문화 자본에 대해, 그리고 경제력에 대해. 간단하게는 자신이 강남 3구에 살고 있는지부터. 또는 아이가 대학에 입학하기 전까지 2억 원 가까운 학비를 내 줄 수 있는지에 대해. 좀 더 복잡하게는 아이를 "영어 유치원 → 사립 초등학교 → 국제중학교 → 영재고·특목고·자사고 → SKY 대학 → 전문직·대기업"으로 이어지는 지배 계층의 트랙에 진입시킬 수 있는 능력자인지에 대해.

한국 사회에 지적 인종주의가 만연하고 "교육은 다만 재생산을 합리화하는 과정"이라는 비판적 인식이 결여된 배경으로, 아직 "개천에서 용이 나던 시절"의 잔영이 남아 있는 점을 들 수 있다. 지난 시절에는 일제가 망하고 분단과 전쟁을 겪으면서 사회 상층에 빈자

---

* 조정진(2020), 《임계장 이야기》, 후마니타스, 103쪽.

리가 생긴 데다 경제 규모가 커지면서 괜찮은 일자리가 급격히 늘었다. 그래서 상층부에 서민 출신이 끼어들 틈새가 컸다. 그러나 지금은 전혀 다르다. 이 점에서 나는 그 아빠에게도 "90년대생이 경험하는 불평등은 어떻게 다른가"라는 부제가 달린 조귀동의 《세습 중산층 사회》를 읽어 보라고 권하고 싶다. 뒤표지를 읽는 것만으로 한국 사회의 계층화가 이미 완성 단계에 이르렀음을 감지할 수 있지 않을까?

글로벌 금융 위기 이후 한국 경제의 질적 발전이 둔화되어 '번듯한 일자리'가 줄고 있다. 이 가운데 부모의 경제력뿐만 아니라 사회적 네트워크와 문화 자본을 바탕으로 '명문대 졸업장'과 '좋은 일자리'를 독식하고, 근로 소득만으로는 살 수 없는 '비싼 주택'을 소유한 세습 중산층이 나타났다. (······)
"노력은 실력이 아니라 계층이다!"*

지적 인종주의가 낳은 것

"나에게는 꿈이 있습니다. 나의 네 자식이 피부색이 아닌 그들의 캐릭터의 내용으로 평가되는 나라에서 사는 꿈이 있습니다."(마틴

---

* 조귀동(2020), 《세습 중산층 사회》, 생각의힘, 뒤표지.

루터 킹)

자본주의 사회는 사람의 성품이라는 의미의 '캐릭터'에는 관심이 없다. 자질 중에는 기능적인 것만이 중요하다. 쓸모 있는 노동력을 제공할 수 있는지가 중요하고, 구매력을 가졌는지가 중요하다. 가장 값나가는 것은 높은 구매력을 보증하는 부모의 문화 자본과 경제력에 기대어 획득한 경쟁 승리의 표시로서의 학업 성적이며, 학위와 자격증이다. 각광받는 분야는 의료, 법률, 경영 컨설팅, 금융으로 기능적인 것이 주를 이룬다.

여기에 한국의 교육에서처럼 석차와 등급을 매길 수 있는 것은 오직 계량화된 학생의 지능이라는 점을 덧붙여야 한다. 그리하여, '신민' 교육에서 '시민' 교육으로 환골탈태하는 대신, 신자유주의 기조 아래 고객이 된 학생들에게 기능성을 갖도록 하는 것이 본령이 된 한국의 교육은 인식하거나 의도하지 않은 채 지적 인종주의에 완벽하게 포획되었다.

사람은 사람을 이해하고 세상을 보는 눈을 뜨는 만큼 자아의 세계를 확장할 수 있다. 암기 위주의 교육으로 생각하는 교육을 거의 하지 않는 한국에서 학생들이 사물과 현상에 대해 어떻게 생각하는지에 집중하는 것은 애당초 불가능하다. 한국에서 교육 자본을 통해 사회 지배층에 오른 사람들 대부분은 인간을 이해하고 사회를 보는 눈뜨기에 있어서 올바른 생각, 풍요로우면서도 정교한 생각을 검증받은 게 아니다. 오히려 객관적 사실을 잘 숙지하고 있다는 점은 기존 체제를 지키는 가치관과 이념으로 무장하고 있다는 것에 가깝다. 가령 그들 중에 다음과 같은 대트 스튜어트의 성찰적 발언에 동의할 사람이 얼마나 될까?

> 우리는 우리의 성공으로 인한 희생자들을 단순히 능력이 모자란 탓에 우리 계층에 진입하지 못한 사람들로 생각하는 경향이 있다. 하지만 우리가 벌이고 있는 이런 게임에서는 결국 모두가 처참하게 패배한다는 것이 역사적으로 명백한 사실이다.*

---

* 매튜 스튜어트, 이승연 옮김(2019), 《부당 세습》, 이음, 13쪽.

교육공동체 벗

교육공동체 벗은 협동조합을 모델로 하는 작은 지식공동체입니다.
협동조합은 공통의 목적을 가진 사람들이 모여서 만든
권력과 자본으로부터 독립된 경제조직입니다.
교육공동체 벗의 모든 사업은 조합원들이 내는 출자금과 조합비로 운영됩니다.
수익을 목적으로 하지 않기에 이윤을 좇기보다
조합원들의 삶과 성장에 필요한 일들과
교육운동에 보탬이 될 수 있는 사업들을 먼저 생각합니다.
정론직필의 교육전문지, 시류에 휩쓸리지 않는 정직한 책들,
함께 배우고 나누며 성장하는 배움 공간 등
우리 교육 현실에 필요한 것들을 우리 힘으로 만들고 함께 나누고 있습니다.

조합원 참여 안내

출자금(1구좌 일반 : 2만 원, 터잡기 : 50만 원)을 낸 후 조합비(월 1만 5천 원 이상)를 약정해 주시면 됩니다. 조합원으로 참여하시면 교육공동체 벗에서 내는 격월간 교육전문지 《오늘의 교육》과 조합통신을 받아 보실 수 있습니다. 출자금은 종잣돈으로 가입할 때 한 번만 내시면 됩니다. 조합을 탈퇴하거나 조합 해산 시 정관에 따라 반환합니다. 터잡기 조합원은 벗의 터전을 함께 다지는 데 의미와 보람을 두며 권리와 의무에서 일반 조합원과 차이는 없습니다. 아래 홈페이지나 카페에서 조합 가입 신청서를 내려받아 작성하신 후 메일이나 팩스로 보내 주세요.

홈페이지 communebut.com
카페 cafe.daum.net/communebut
이메일 communebut@hanmail.net
전화 02-332-0712
팩스 0505-115-0712

교육공동체 벗을 만드는 사람들

※ 하파타순

후쿠시마 미노리, 황지영, 황정일, 황정원, 황이경, 황윤호성, 황영수, 황봉희, 황규선, 황고운, 홍지영, 홍정인, 홍승희, 홍순성, 홍성근, 홍성구, 홍서연, 현복실, 허창уг, 허윤영, 허성실, 허성균, 허브영, 허광영, 합점순, 함영기, 한학범, 한채민, 한진, 한지혜, 한은옥, 한송희, 한성찬, 한석주, 한산섭, 한민호, 한민혁, 한만중, 한날, 한길수, 한경희, 하주현, 하정호, 하정필, 하인호, 하승우, 하승수, 하순배, 탁동철, 최şil성, 최원숙, 최현미, 최한나, 최진규, 최주연, 최정윤, 최정아, 최은희, 최은정, 최은숙, 최은경, 최윤미, 최유리, 최원혜, 최우성, 최영식, 최연희, 최연정, 최승훈, 최승복, 최수옥, 최선자, 최선걸 최봉선, 최보람, 최병우, 최미영, 최류미, 최대현, 최광용, 최경기, 최경련, 채효정, 채종민, 채민정, 차종숙, 차용훈, 진헌, 진주형, 진용용, 진영준, 진낭, 지정순, 지수연, 주예진, 주순경, 조희정, 조현미, 조항미, 조해수, 조진희, 조지연, 조준혁, 조정희, 조유성, 조원희, 조원빈, 조용진, 조영현, 조영옥, 조영실, 조영선, 조여은, 조여경, 조성희, 조성실, 조성배, 조성대, 조석현, 조석영, 조남규, 조경애, 조경아, 조경삼, 조경미, 제남모, 정희영, 정훈윤, 정현숙, 정혜레나, 정춘수, 정진영a, 정진영b, 정진모, 정주리, 정주희, 정종헌, 정종민, 정재학, 정이든, 정은희, 정은주, 정은균, 정유성, 정유섭, 정원탁, 정원석, 정용주, 정예현, 정예슬, 정애순, 정소정, 정보라 정민석, 정미숙a, 정미숙b, 정명옥, 정명영, 정득년, 정대수, 정남주, 정광호, 정광필, 정광일, 정관모, 정경원, 전혜원, 전지훈, 전정희, 전유미, 전세란, 전보애, 전민기, 전미영, 전명훈, 전난희, 장주연, 장인하, 장은정, 장윤영, 장원영, 장시孟, 장상욱, 장병훈, 장병학, 장병순, 장근영, 장군, 장경훈, 임혜정, 임향신, 임한철, 임하영, 임지영, 임종혁, 임종길, 임정은, 임전수, 임수진, 임성민, 임선영, 임상진, 임동헌, 임덕연, 임경환, 이회옥, 이희연, 이효진, 이호진, 이혜정, 이혜명, 이혜란, 이현, 이혁규, 이향숙, 이한진, 이하영, 이태영, 이태경, 이치형, 이충근, 이진희, 이진혜, 이진주, 이진욱, 이자혜, 이지향, 이지영, 이지연, 이중석, 이주희, 이주영, 이종은, 이정희a, 이정희b, 이재익, 이재훈, 이재성, 이재영, 이재두, 이인ᄻ, 이은희a, 이은희b, 이은향, 이은정, 이은주, 이은영, 이은숙, 이은민, 이유엽, 이윤승, 이윤선, 이윤미, 이윤경, 이유진a, 이유진b, 이월녀, 이원님, 이용환, 이용석, 이용기, 이영화, 이영주, 이영아, 이연진, 이연주, 이연숙, 이연주, 이승헌, 이승태, 이승아, 이슬기, 이수현, 이수정a, 이수정b, 이수연, 이수미, 이성희, 이성호, 이성채, 이성숙, 이성수, 이선표 이선영a, 이선영b, 이선애a, 이선애b, 이선미, 이상훈, 이상화, 이상직, 이상일, 이상미, 이병준, 이병륜, 이범희, 이민정, 이민아, 이미숙, 이미라, 이문영, 이명훈, 이명형, 이동철, 이동준, 이동범, 이다연, 이남숙, 이난영, 이나경, 이기자, 이기규, 이근철, 이근영, 이규빈, 이광연, 이계삼, 이경화, 이경은, 이경옥, 이경연, 이경렬, 이건희, 이건진, 윤희연, 윤홍은, 윤지형, 윤종원, 윤영훈, 윤영백, 윤수진, 윤상혁, 윤병일, 윤규식, 윤효성, 유재올, 유영길, 유병준, 위양자, 원지영, 원윤희, 원성제, 우창숙, 우지영, 우완, 우수경, 오준근, 오정숙, 오은정, 오은호, 오민석, 오명환, 오동석, 염정신, 여희영, 여태전, 엄창호, 엄재홍, 엄기호, 엄기욱, 양현애, 양해준, 양지선, 양은주, 양은숙, 양영희, 양애정, 양선아, 양서영, 양상진, 안효빈, 안찬원, 안지윤, 안준철, 안정선, 안옥수, 안영신, 안영빈, 안순억, 심은보, 심우향, 심승희, 심수환, 심동우, 심나온, 심경열, 신혜선, 신충일, 신창호, 신창복, 신중휘 신중식, 신은정, 신유준, 신소희, 신성연, 신미정, 신미옥, 송호영, 송혜란, 송혜민, 송정은, 송미숙, 송민정, 손미숙, 소수영, 성현석, 성옐관, 성보란, 설은주, 설원민, 선미라, 석옥자, 석미화, 석경순, 서지연, 서정오, 서인선, 서은지, 서혜원, 서명숙, 서금숙, 서강선, 상형규, 변혁숙, 변나은, 백현희, 백승범, 배희철, 배주영, 배정원, 배이상헌, 배영진, 배아영, 배영연, 배경내, 방득일, 방경내, 반영진, 박희진, 박희영, 박효정, 박효수, 박환조, 박혜숙, 박형진, 박현희, 박현숙, 박춘배, 박철호, 박진희, 박진수, 박진규, 박진교, 박지희, 박지홍, 박지원, 박중구, 박정희, 박정희, 박재선, 박은하, 박은수, 박은경, 박용빈, 박옥수, 박옥균, 박영실, 박연지, 박신자, 박수진, 박수경, 박소현, 박세일, 박성규, 박선영, 박상현, 박복희, 박복선, 박미희, 박미숙, 박명진, 박명숙, 박동열, 박도정, 박대성, 박노혜, 박내현, 박나실, 박기용, 박고형준, 박경화, 박정이, 박건형, 박건진, 박건오, 민병성, 문호진, 문용옥, 문영주, 문연심, 문수현, 문수영, 문수경, 문명숙, 문명희, 모은호, 맹수용, 마승희, 류창모, 류정희, 류재향, 류우중, 류명숙, 류대현, 류정원, 도정철, 도방주, 데와 타쿠유키, 노한나, 노영현, 노경미, 남효숙, 남정민, 남은정, 남윤희, 남원호, 남예린, 남미자, 남구역, 나여흥, 나규환, 김희숙, 김홍규, 김훈태, 김효미, 김홍규, 김홍겸, 김혜영, 김혜림, 김현진, 김현주a, 김현주b, 김혜정, 김남택, 김헌택, 김헌옥, 김해경, 김태호, 김태원, 김찬양, 김진희, 김진주, 김진숙, 김진, 김지후, 김지혜, 김지원, 김지수, 김지연a, 김지연b, 김지후, 김중미, 김준연, 김주영, 김중희, 김중진, 김광원, 김중옥, 김종성, 김종선, 김정삼, 김재항, 김재희, 김재민 김일곤, 익인순, 김이은, 김은파, 김은아, 김은식, 김은숙, 김은수, 김윤주, 김윤자, 김윤우, 김원예, 김원석, 김우영, 김용휘, 김용훈, 김용양, 김용만, 김요한, 김영희, 김영진, 김영주, 김영재, 김영삼, 김영미, 김영정a, 김영정b, 김연정, 김연정b, 김순철, 김수진, 김수진a, 김수진b, 김수정, 김수연, 김수경, 김소희, 김소혜, 김소영, 김세호, 김세원, 김성탁, 김성숙, 김성봉, 김성보, 김선희, 김선철, 김선우, 김선미, 김선구, 김석규, 김서화, 김서영, 김상희, 김상정, 김봉석, 김보희, 김보경, 김병희, 김병훈, 김병기, 김범주, 김민희, 김민섭, 김민선, 김민곤, 김민절, 김미향, 김미진, 김미선, 김문옥, 김무영, 김묘선, 김명희, 김명섭, 김동현, 김동일, 김동원, 김도석, 김다희, 김기언, 김규태, 김남희, 김나혜, 김기언, 김규태, 김값희, 김광희, 김광종효, 김경일, 김가연, 길지현, 기세라, 금현진, 금현숙, 금명숙, 권혜영, 권혁천, 권혁기, 권태춘, 권자영, 권유나, 권용수, 권미지, 국찬석, 구자숙, 구원희, 구완회, 구수연, 구본희, 구미숙, 광홈, 곽혜영, 곽주건희, 곽노현, 곽노근, 공현, 공진하, 공영아, 고춘식, 고진선, 고은경, 고윤정, 고영주, 고영실, 고병헌, 고병연, 고민정, 고미아, 강화정, 강혜인, 강현주, 강현정, 강한아, 강태식, 강준희, 강인성, 강이진, 강은영, 강윤진, 강우미, 강영일, 강영구, 강순원, 강수돌, 강성규, 강석도, 강서형, 강경모

※ 2024년 09월 27일 기준 749명

* 이 책의 본문은 재생 용지를 사용해서 만들었습니다.